JN327666

現役不動産仲介営業マンがこっそり教える

現役不動産仲介営業マン
・現役大家
関田タカシ

彩図社

# 最強の
# 初心者向け不動産投資

# はじめに

私の職業は、収益を生む投資用不動産の売買・仲介の営業担当者です。

その一方で、自ら不動産投資をしている「大家」でもあります。

これまで、不動産投資に関する様々な案件に携わってきましたが、不動産投資を通じて、「成功」されている方がいる一方、明らかに「失敗」されている方も多いことに驚かされます。

書籍やウェブ上で、不動産投資の情報が氾濫しているにもかかわらず、うまくいく方とそうでない方に分かれるのは、何が原因でしょうか。

「不動産投資本」というジャンルを、ここ数年で、多く目にするようになりました。

現役不動産業者が自らの得意な方法を書いたもの、サラリーマン大家さんの体験談を書いたもの、また、リフォーム（ＤＩＹ）に特化したものもあれば、税務に特化したものもあります。

本書は、**「投資用不動産の現役営業担当者」でありながら、「自ら不動産投資を行う大家」という両方の視点を持つ私が、不動産投資初心者のお客様からよく出る質問や、自分が重要だと思っている項目についてまとめたもの**です。

簡潔で分かりやすい内容にするため、基本的に一問一答形式で、不動産投資にまつわる疑問について解説しています。

そして、初心者向けではありますが、**「本当に勝つための不動産投資」**の方法を詰め込みました。

「不動産投資は本当に勝てる（儲かる）んですか？」

これは、初心者の方から挨拶代わりに飛び出す定番中の定番の質問です。

私は、以下の2つのことを貫くだけで、不動産投資で勝つ可能性は飛躍的に高まると考えています。

**①「安く買って、上手く回して、適正に売る」こと**

**②「信頼できる業者（不動産投資営業担当者）と出会う」こと**

逆に言えば、不動産投資に失敗している人は、この2つができていないということです。

「不動産投資」と一言でいっても、資産背景や投資の規模・目的など、状況や目指す部分は人それぞれであり、他人の成功を完全にトレースできるということはありません。

ただそれでも、前述の2つのポイントだけは「勝っている人」に共通します。

本書は、この2つのポイントを軸に据え、投資用不動産の現役営業担当者として、また大家として私が持つ不動産投資に勝つためのノウハウを極力分かりやすく解説しています。

本書を通じて、不動産投資で成功する方が1人でも増えることを願っています。

現役不動産仲介営業マンがこっそり教える
最強の初心者向け不動産投資 ◆目次

## 第2章　不動産投資を始める前に知っておくべきこと



## 第3章　不動産投資物件にはどんなものがある？

## 第4章　良い不動産業者に巡り合えれば勝てる



## 第5章　良い物件に巡り合うためのポイント

## 第6章　良い融資を受けるために知っておきたいこと



## 第7章　投資を成功させるために大家さんが考えるべきこと

## 第8章　とにかく気になる様々な疑問

# 第1章
# 今さら聞けない不動産投資の基礎知識

## Q01：そもそも「不動産投資」って何？

すでに不動産投資を実践されている人からすると当たり前過ぎるお話かもしれませんが、「そもそも『不動産の購入』が何で投資になるの？」と、疑問に思われる方も実は少なくないのです。

不動産投資が投資になる理由、つまり不動産投資の目的は2つ。**「家賃収入を得ること」**と、**「売却時の利益を得ること」**です。

言い換えれば、不動産投資とは不動産というものに資金を投下し、毎月入金される家賃か、将来的に売却した際の利益、あるいはその両方で投下した以上のお金を得ることを目的とした投資です。

前者は、「人に貸して賃料を得る」、要するに定期的な賃料収入**「インカムゲイン」**を目指す投資です。いわゆる「大家業」と呼ばれる人は、このインカムゲインが定期収入です。

小額でも不動産投資は始められます。例えば、500万円のワンルームを購入し、毎月4万円で貸し出せば、年間で48万円のインカムゲインが得られます。

11年間で528万円ですので、そうなれば投下資金以上のお金を得られ、成功と言えますね（簡略化のため諸費用はここでは無視しています）。

そして、この年間の収入、48（万円）を購入価格の500（万円）で割る（48÷500）と、0・096という数字になります。これを百分率で表すと「9・6％」、これがいわゆる**「表面利回り」**です。理論的には、表面利回りが高ければ高いほど投下資金の回収も早まります。

一方、後者は**「キャピタルゲイン」**と呼ばれる売買差益を狙うものです。「安く買って高く売る」という、不動産に限らず、あらゆるトレードの基本中の基本。つまり、500万円で購入したワンルームが600万円で売れれば投資に成功したと言えるということです。

このように、不動産投資はインカムゲインとキャピタルゲインを得ることが目的ですが、あくまで投資なので、うまくいかないケースもあります。借り手がなかなか現れない、売却する価格が振るわない、そういったこともあるのです。

バブル崩壊以降、日本の不動産価格は長期的に下落傾向にあったため、先の2つのうち、インカムゲインのみが注目され、販売する側に都合の悪いキャピタルゲインにはあまりフォーカスされないように仕向けられてきました。

「今の日本でキャピタルゲインを目指すのは難しい」「大切なのは安定収入のインカムゲインだ」「収入のある不動産を売る必要はない」――最近の不動産投資は、このように語られる傾向があります。

しかし、やはり不動産投資の成否は、インカムゲインとキャピタルゲインの両方のトータルで判断されるべきものです。

私がお勧めしたいのは、超長期の不動産の保有より、**毎月の収入を得ながらも売却という「出口」を常に見据える方法**。つまり、売却を絡めて資産拡大のスピードを上げていく、負けない不動産投資です。

**A：家賃収入（インカムゲイン）と、売却時の利益を得ること（キャピタルゲイン）で儲けを生む投資です。**

# Q02：不動産投資は他の投資とどう違う？

お金を増やすための投資・利殖法は、（実際に儲かるかどうかは別として）世の中に溢れています。証券会社は株取引のハードルをどんどん下げ、銀行でさえも投資信託を勧める時代。また、ＦＸなどのデリバティブ商品も多種多様に開発されています。さらに金や銀への現物投資もあれば、昔から存在する商品先物、外貨預金や債券も投資です。

不動産投資もそんな「投資」の一種ですが、昔から**「ミドルリスク・ミドルリターンの投資」**だとよく言われます。

これは、「大損することは少ないけれども、次の日に資産が倍になるような急激な儲けは望めない」といったニュアンスです。

一方、株やＦＸなどは「ハイリスク・ハイリターンの投資」、国債や投資信託などは「ローリスク・ローリターンの投資」だと一般的に分類されます。

不動産投資は、目で見える土地や建物そのものを購入するので、価値・賃料の上下はあるものの、大災害などで崩れたりしない限りは、価値が全くのゼロになることは考えにくい資産です。

対して株式投資は、株式を保有している会社が倒産・上場廃止に陥った際、最悪、資産はゼロになります。

また、ＦＸの信用取引で大きなレバレッジ（借入しての自己資金以上の投資のこと。「レバレッジ」は「てこの原理」の意）をかけて読みが外れた際には、ガツンと大きな負債を背負うことになります。

逆に、国債については、日本国の破綻という状況は極めて考えにくいため、安全資産の筆頭である代わりに、利回り面は非常に寂しいものがあります。

株やＦＸのように、一晩で価値が大きく上がって売って利益確定……とはいかないけれども、国債のように数十年後まで待たなくても利益を生む、これが不動産投資です。

ちなみに、敷居の低い不動産投資として、**「ＲＥＩＴ《リート》（不動産投資信託）」**というものがあります。

これは、複数の投資家から出資を集めて大きな固まりとすることで、大規模な商業施設やオフィスビル、大型マンションなど複数の不動産を購入し、その賃貸収入や売却益を投資家に分配する商品です。

上場している企業の株式と同様に、証券会社の窓口やウェブ上で簡単に購入・売却ができるので、チャレンジのハードルが低い反面、その面白味（儲かる度合いや、自分でのコントロール幅）は、少ないと言えます。ＲＥＩＴは投資信託と同様、どちらかと言えばローリスク・ローリターンの投資です。

ＲＥＩＴはその名の通り、あくまで「利回りは抑え目でも、プロに任せておけば良い」という「不動産に特化した投資信託」に近いものです。

つまり、この本を手に取っていただいている「リスクを取ってでも、不動産投資に取り組んで資産を拡大したい」という方にとっての、「不動産投資」とは別物と言えるでしょう。

実際、不動産投資に取り組んでいても、ＲＥＩＴに手を出したことはない、という人も多いです。

**Ａ：大損することは少ないものの、次の日に資産が倍になるような急激な儲けは望めない、「ミドルリスク・ミドルリターン」の投資です。**

# Q03：不動産投資にはどのようなメリット・デメリットがある？

不動産投資も投資である以上、メリットとデメリットが存在します。ここでは、不動産投資の代表的なメリットとデメリットを解説していきます。

まずはメリットのほうを挙げていきましょう。

**・毎月の安定的な現金収入が得られる**

入居者の毎月の家賃が大家さんの収入になるという、とても分かりやすい構造です。体を壊して働けなくなったりしても、賃貸運営さえできていれば毎月お金が入ることになります。

**・融資を活用して自己資金以上の大きな投資ができる**

借りられる借りられないは当然個人差がありますが、金融機関のローンを活用すれば、何億円という規模に拡大することができます。当然、投資規模が大きくなれば、リターンも大きくなります。

**・生命保険の代替**

ローンを組む際、ほとんどのケースで「団体信用生命保険」（通称：団信）に加入することになりますが、不慮の事故で死亡した際などは、この保険で借入れが「チャラ」になります。そのため、残された家族がいても無担保（返済のない）の家賃収入を生み出す資産を残すことができます。

**・節税効果**

建物の減価償却やローン金利等の経費について、赤字部分を損益通算として給与所得等から差し引いて申告することで、所得税・住民税の節税をすることができます。

**・相続対策**

現金1億円の遺産は、そのままそれが遺産額ですが、不動産の場合はその評価額が対象となります。1億円で売買される物件でも、評価額は5000万円ということもあり得るのです。

**・インフレ対策**

インフレになると、お金の価値が下がって物の価値が上がります。1杯100円だったコーヒーが150円になったとき、1億円の物件が1億5000万円になっているかもしれません（ただし、デフレの時には逆のことが起きますので、その場合はデメリットと言えます）。

このようにメリットがある一方、不動産投資ならではのデメリットもあり、それらは「リスク」と言い換えられます。

以下、不動産投資のリスクもここでしっかりチェックしておきましょう。

### ・空室リスク

例えば、「10室あるワンルームのうち、半分しか埋まらない！」というのが露骨な空室リスクです。ただ、「現金購入」といった資力のある方にはそこまで大きな問題ではありません。

リスクとなるのは、融資を利用して、それも借入割合が高い場合です。つまるところ、毎月の返済と賃料収入が切迫し、さらには逆転してしまう――そうすると「持ち出し」です。

### ・借入金利の上昇リスク

これも融資を利用する場合のリスクです。不動産投資の良い点として融資が活用できることが挙げられますが、借入金利が上がることもあります。

金融機関によりますが、変動金利の場合、一般的には年2回の見直しがあるケースが多いです。当初の見込み以上に返済額が増えれば、当然、収益を圧迫します（ただし、金利については、今のところなかなか上がる傾向が見えず、必要以上に警戒することはないと思います）。

### ・不動産価格の下落リスク

いわゆる「相場」の下落です。株価に上下の動きがあるように、不動産価格も本来は上下します。株やFXのように、一晩での乱高下はまずありませんが、「建物の価値の下落」のスピードは意外と早いです。

**・流動性リスク**

「今すぐ現金が必要だ！」ということになった場合、株や投資信託などのペーパーアセット（紙の資産）とは異なり、不動産は、来週までに現金化……とはなかなかいきません。1週間で現金化することもできなくはありませんが、足元を見られる可能性が高いでしょう。

不動産の場合、売却は買主が見つかってから早めで1ヶ月、長いと2～3ヶ月、あるいはそれ以上かかります。もちろん、希望価格で買ってくれる買主がどのタイミングで見つかるかは、最終的には「やってみないと分からない」世界です。

**・滞納リスク**

まだまだ景気が回復したとは言えない昨今、まともな人に見えていた入居者が、いつの間にか賃料を収めない不届き者になる可能性もあります。賃料収入の面では空室リスクと似ていますが、賃料の回収の手間や、次の募集をすぐにかけられないなど、時間と労力を取られる厄介なリスクです。

**・地震（震災）リスク**

東日本大震災クラスのものならば、株でも何でも影響が出ますが、中でも、実物不動産にはダイレクトに影響が出ます。投資金額を回収する前に建物が崩壊という可能性はゼロではありません。

**・火災リスク**

自分が住んでいる家なら気をつけようがあるものの、入居者による出火や、近隣からの延焼火災といったどうしようもない場合もあります。日本の木造建築には、このリスクがつきまといます。

**・水災・風災リスク**

地域にもよりますが、日本は、定期的に台風がやってくる環境です。風で屋根が飛ばされたり、雨漏りが生じたり……考えるとキリがありません。また、河川の増水といった浸水被害も起こり得ます。

**・人災リスク**

建物の中で事件・事故が起きるリスクです。入居者同士のトラブルはもちろん、コンクリ詰めのドラム缶などが出てきても困ります。現実的なところで、高齢単身者の突然死というのはあり得る話です。

以上、よく言われる不動産投資についてのメリット・デメリット（リスク）をずらっと並べてみましたが、大まかにはこんなところでしょうか。

デメリットの部分だけ見ると、ちょっと恐くなったかもしれませんが、それでも、**不動産投資の場合はある程度リスクを自分自身でコントロールできます。**

詳しくは次項に記しましたが、株やＦＸや先物相場など、どこかの誰かの事情で勝手に上がったり下がったり、配当が出たり出なかったりするものとは異なり、**不動産という現物は、自分でマネジメント**

**できる部分が多い**のです。

私が他の投資よりも不動産投資をお勧めするのは、そういう観点からでもあるのです。

**Ａ：不動産投資には様々なメリット・デメリットはあるものの、デメリット（リスク）については、ある程度自分でマネジメントすることが可能です。**

## Q04：不動産投資は「リスクマネジメント」ができる？

前項でも書いた通り、不動産投資が他の投資と比べて優れている点として、デメリット（リスク）について、自分でコントロールできる余地があることが挙げられます。ここでは、具体的にどのようなことができるのかを解説します。

### ・空室リスク対策

「空くところで買わない」「空きにくい、借り手が入りやすい場所で買う」ことに尽きます。

これを言ってしまうと身も蓋もないですが、入り口で間違えると、どうしようもありません。賃貸需要の強いところ、つまり、できれば都心部、できれば駅近が理想です。

さらに、空室リスクのカバーについては、**「サブリース契約（借り上げ保証）」**というものもあります。これは簡単に言うと、サブリース業者が賃借人として借り上げ、他の人に転貸（又貸し）して業者は差益を得るというもの。そして実際の入居の有無にかかわらず、大家（オーナー）には毎月賃料が入ってくるという、それだけ聞くと嬉しいシステム。

ただ、サブリースの場合、例えば本来10万円入ってくる賃料相場であれば自分に入ってくるのは8万円になるなど、収入が抑制されます。また、「長期の借り上げ」を売りにしている業者も、大抵は2年ごとに「借り上げ賃料」の見直しが入るので、注意が必要です。

**・借入金利の上昇リスク対策**

現金で購入している際には関係ありませんが、アパートローンなど、変動金利の融資利用で購入している場合には、「固定金利への切り替え」という手があります。切り替えができなければ、借り換えも模索してみましょう。

ただ、そうやたらと変動金利そのものが上がるかどうか……。こればかりは自己判断・自己責任です。

**・不動産価格の下落リスク／流動性リスク対策**

先々の現金化を考慮するのであれば、「売りやすい物件」という前提で購入すると、大きな失敗は少ないでしょう。具体的には、「流動性の高いエリア（都心部・首都圏）で、それほど価格帯が大き過ぎず、土地の価格に近いか（土地としての出口戦略）、または新しい物件（築浅中古としての出口戦略）を購入する」ことが理想的。

また、右記のような立地の不動産であれば、不動産価格の下落リスクも少ないでしょうし、いざ下がりだしたときの売り抜けも狙えるでしょう。

**・滞納リスク対策**

「管理会社の活用」と「家賃保証会社の活用」が考えられます。まともな管理会社であれば、家賃の滞納が発生した際に、「まだ入金がないですよー」と入居者のお尻を叩いてくれるはず。

次に、家賃保証会社ですが、親御さんなどが入居者の保証人になっていても、いざ連絡しようとすると繋がらなかったり、支払いを渋られたりすることも少なくありません。一方、家賃保証の会社が入っている場合は、あくまでビジネスなので、規定通りにスムーズな入金があり重宝します。

**・地震（震災）リスク／火災リスク／水災・風災リスク対策**

これらについては、いずれも「保険」でカバーできます。どの程度まで保証されるかについては、加入される地震保険や火災保険の内容によって変わってきます。

ちなみに「隕石」が降ってきたときも「飛来物」に該当するため、台風で近所の店の看板が飛んできたときと同様、保険の種別によっては十分に適用範囲内となります。

**・人災リスク対策**

入居者そのもののリスクですが、こればかりはどうしようもない部分が多いです。

入居者の騒音問題やゴミの管理程度なら、管理会社を巻き込んで入居者を「教育」していくなどの方法もあり得ます。

一方やっかいなのが、物件内での事件・事故。高齢者の方の自然死は当然あり得るものとして、年齢などで入居制限を設けることもできるでしょう。ただし、「建物内での入居者同士の殺し合い」などは事前の対策が不可能です。

これは、株式市場でも粉飾決算や企業の不祥事などがあり得るように、不動産投資において避けようのないリスクと言えるかもしれません。

ともあれ、以上のように人災リスク以外のリスクは、費用などはかかるものの、工夫次第で避けられる可能性が大幅に向上します。保有する物件に応じて、適切なリスクマネジメントを心がけてください。

**A：不動産投資では対応次第でリスクを下げることが可能ですが「人災リスク」だけは、自分でコントロールすることは困難です。**

## Q05：不動産投資は誰でも始められる？

「不動産投資」と言うと、「お金持ちにしか無理でしょ？」と思われる方もいるでしょうが、実のところ、不動産投資を「できる」「できない」という観点で言うと、**「大部分の人が不動産投資を始められる可能性が高い」**です（「成功する可能性が高い」ではありませんのでご注意を）。

例えば、郊外で中古戸建・中古区分ワンルームに現金で投資するような場合なら、最低限の読み・書き・そろばん（加減乗除）と物件の購入資金・諸費用が賄えれば、不動産投資のスタートはできてしまいます。

さらに、日本では不動産の購入・所有に年齢制限がありませんので、小中高生はもちろん、生まれたばかりの赤ちゃんでもできるといえばできます（もちろん、親権者の同意・協力が前提ですが）。

一方、融資を活用しての一棟アパート・一棟マンション物件などへの投資については、金融機関の審査というハードルが生じるため「誰でも」とはいきません。

融資を活用した不動産投資を始めるにあたり、一般的な金融機関の見立てとしては、会社員・公務員などで「堅い社会人」をしている方が理想です。

具体的には、ざっくりと世帯年収で７００万円前後はほしいところですが、このように「世帯年収」で判断されるケースもあるため、例えば共働きだとプラスになります。

逆に、借金返済の滞納履歴などがあると、当然ながら融資を活用した大きな投資はやりづらくなります。

もちろん、年収が全てではありません。自宅などの資産があれば、それを共同担保（返済できなくなったときに購入物件と共に銀行に取られる）として活用し、不動産投資のスタートを踏み出すことも可能です。

正直なことを言えば、本来、不動産投資は、「資産・収入が多くある人のほうが成功しやすい投資」です。「収入が乏しい・現金余力があまりに少ない」という人にとっては、投資対象の不動産・投資手法の選択肢が狭まるため、そのぶんリスクを負う覚悟が必要になってきます。

しかし、**融資を活用したレバレッジ効果を得られるのが不動産投資の良いところ**なのは間違いありません。

また、ペーパーアセットなどの金融資産とは異なり、不動産は価値が「いきなりゼロ」となることは滅多にないので、その点は安心してください。

ただ、やはり元々の生活がカツカツな状態で不動産投資に入れば、何か事が起きた際に対応できなくなります。したがって、ある程度で構いませんのでまずは貯金に励むなど、資金面の余力をつけてから投資を始めるほうがベターです。

**A：始めるだけならば大部分の人が始められる可能性が高いですが、ある程度、資金面の余力をつけてから始めることをお勧めします。**

## Q06：不動産投資にはどんな人が向いている？

不動産投資は万人向きではありません。いや、不動産投資に限ったことではなく、投資には向き不向きがあります。

**地道な努力や勉強が好きな人には向いています**。「マメな人」とも言い換えられるでしょうか。

不動産はその資産性の大きさや、融資という金融機関の絡みもあって、経済動向に影響を受ける投資対象です。ＦＸや株式ほどにいきなり連動するわけではありませんが、土地相場が株価に引っ張られる傾向はありますし、賃料も未来永劫変わらないということはありません。

よって、国際経済から日本経済、ＦＲＢ議長の発言や日銀の動向も無関係ではないのです。もちろん、大学や工場の移転、新駅の情報といった投資対象地域の新着情報も知っておきたいところ。

つまり、日々の情報収集やインプットを地道に継続できる方は、他の人が見逃している埋もれた優良案件に気がつけるチャンスが広がるということです。

また、人付き合いが得意！　というほどではなくても、ある程度苦にならない人のほうが向いています。ただし、これについては**不動産投資への興味と本気で取り組む意思さえあれば問題ない**でしょう。

私自身、営業マンとしては人見知りなほうでお酒もほとんど飲めないため、飲みの席で人間関係を構築して云々《うんぬん》……といったやり方は、全く得意としていません。

それでも、不動産投資に携わる営業と大家業をきちんとこなせているのは、不動産投資という共通のテーマで話すことができ、押さえるべきポイントを押さえているからです。

不動産は購入前後から、保有中の運用、売却時においてまであらゆる人の協力で成立しています。

例えば、購入時には投資用の不動産を扱う業者、あるいは不動産の売買仲介の営業担当者との意思の疎通が必要ですし、全ての物件には個々に売主が存在します。また、融資を活用するには金融機関担当者との連携も必要です。

そして、購入後には不動産の管理業務が発生し、これも管理業者やリフォーム業者との適切な打ち合わせが必要です。

最終的に売却する際も、販売に強い不動産仲介業者とタッグを組んで進めることが普通です。そういう意味で不動産投資は、パソコンの画面の前ですべてが完結するＦＸやＲＥＩＴなどの投資とは、真逆ともいえるものです。

ただし、不動産投資はあくまで投資が目的であり、関わる人と仲良くなることが目的ではありません。

したがって「流暢に話ができなければならない」ということもなければ、常に笑顔である必要も、付き合いたくない人や業者と無理に付き合う必要もないのです。相手に対して必要なタイミングで誠実に応対し、話を聞き、言うべきことはしっかり伝えるという「最低限のコミュニケーション」さえできれば十分です。

なお、人任せにする度合いも自分である程度コントロールすることはできますが、これについては、そのぶん「人を動かす」スキルが必要になります。

人によっては、不動産投資に対して、「物件を購入して満室稼動が継続される限り自動操縦が可能」というイメージを持っているかもしれませんが、前述の通り、物件を取得するまでの過程や、運営中の入退去・修繕、売却といった局面では、自己の判断・行動が求められます。

ですので、電話やＦＡＸやメールがひたすら煩わしく、全く他人と関わりたくない！　という方には向かない投資と言えるでしょう。

Ａ：「マメ」で、不動産投資への興味と本気で取り組む意思があり、他人と最低限のコミュニケーションを取ることが煩わしくなければ向いています。

## Ｑ07：不動産投資を始める前に考えておくべきことはある？

不動産投資は投資なので、目的は「お金を得ること」です。これは間違いありません。

ただし、不動産投資を始めるにあたってはもう一歩踏み込んで、**「なぜお金がほしいのか」という理由と「いくらくらいほしいのか」という目標を明確にしておくべき**です。

そんなこと、収益を生むイイ物件を手に入れるのに関係ないじゃないか……と言うなかれ。具体的に目的を整理しておかないと、迷走してしまう可能性が高まります。

では、具体的にはどのように目的を設定すればよいのでしょうか。よくある一例を挙げてみましょう。

あなたは、今年35歳になるサラリーマンで、「今の会社に特別な不満はないが、業界自体に漠然とした不安がある。だから、急に職を失った場合にも安心できるような収入源がほしい」と考えています。

これが、不動産投資を始める「目的」であり「理由」です。

それでは、「安心できる」には、毎月どの程度の収入があれば良いのでしょうか。

「住宅ローンの支払い、食費、光熱費、子どもの教育費、通信費。今の給与と同額まで……とはいかなくても、『毎月20万円』くらいはほしい」

これがいくらほしいのかという「目標」となります。目的に沿って目標を設定し、段階を踏んでクリアしていく――あらゆるビジネスの基本ですね。

続いて考えるべきことは、**「いつまでに」という部分**です。その目標を達成したい、収入を生み出したい「時期」はいつでしょうか。

生活のため、今すぐ収入に上乗せできるような収入源を欲しているのか、それとも、将来の不安から「自分年金」を作りたいのか。大まかでも結構ですのでぜひイメージしてみてください。

なぜこれをすることが重要なのか。それは、このように逆算することで、**目標に至るまでに一体どのくらいの投資用不動産が必要なのか、さらにはそれが現実的なのかが見えてくる**からです。

そして、そこへ到達するための買う順番や狙うべき物件、融資の組み立て方へと繋がっていきます。

不動産投資は、目指すゴールによって進むべき道が全く異なります。

お小遣い程度、つまり毎月数万円入ってくるような投資を目指すのであれば、中古の区分マンションを複数買い進めることでも実現できますし、不動産投資だけで食べていく、あるいは専業大家さんを目指すのであれば、大きな一棟マンションやアパートを複数棟絡めていく必要があるでしょう。

人によって不動産投資を始める目的が様々なのは当然です。ただ、目的が何であれ、成功する可能性を高めるために、「なぜリスクを取って、不動産投資に臨《のぞ》むのか」「いつまでにどうなりたいのか」という根幹の部分は、入り口で明確にしておくべきでしょう。

**A：「なぜお金がほしいのか」という「目的（理由）」と、「いくらぐらいをいつまでに」という「目標」を明確にしておきましょう。**

## Q08：不動産投資はどの時点で成功（失敗）が「確定」する？

私が考える、不動産投資の「成功（失敗）の確定」するタイミングはただ1つ**「売却による利益の確定時」**のみです。

つまり、物件を売却した際、運用益のトータルと売却による利益の合計が、購入から売却までの総投資額を上回っている状態になったとき。

不動産投資で、成功が「確定」と言えるのは、この状態しかありません。

それはなぜか。見落としがちなポイントですが、不動産には**「保有するリスク」**というものがあるからです。一例を挙げてみましょう。

あなたは、1億円の一棟マンションを購入しました。利回りは10％です。購入時の諸費用は約700万円でした。金利4・5％、期間30年で9000万円を借入れ、現金1700万円を自己資金として捻出しました（簡略化のため、ざっくりした数字です）。

保有中、清掃費用など物件を運営するための費用と、ローンの返済を差し引いても毎月30万円が残るとします。

「毎月30万円も入ってくる。凄い！」と思うかもしれませんが、こんな物件でも、保有するリスクはあるのです。

その代表例が、**「修繕費用」**と**「売却損」**。

まず修繕費用について言うと、構造などによってペースは異なるものの、建物は木造でも鉄筋コンクリートでも、時間が経つにつれて絶対に老朽化していきます。

そして、その修繕費用は建物の規模が大きければ大きいほど、それに比例して過大になっていきます。毎月30万円が残っていても、そこに屋上防水や外壁塗装などの大きな修繕がガツンとくると、今までの儲けが一気に寂しいことになります。

一方、売却損の可能性。1億円で購入した一棟マンションを、いざ5年後に売却しようとした際に8000万円でしか売れなければ、キャピタルロス（売却損）です。毎月30万円が残っても、5年で1800万円。よって、200万円の損ということになり、だったらやらなきゃよかった……ということになります。

さらに修繕費用や売却損以外にも、火災や地震・噴火といった自然災害はもちろん、大学の移転などによる需給バランスの崩壊や、建物内での事件・事故などのリスクがあるため、あなたの投下した資金や切り崩した信用（債務）は、「不動産」に姿を変えてはいるものの、その保有期間中には常にリスクにさらされている状態です。

なお、売却損について話すと、「売らなきゃいいじゃん」と主張するお客様もいます。確かに、ひたすら物件を保有し続けるというスタンスもありでしょう。

実際、ローンの返済を完了し、今までの賃料収入の積み上がりだけで物件の建替えができるような状態であれば、「保有による利益の確定」と見ることができます。

ただ、基本的には、やはり成功・失敗の「確定」という意味では、売却をした時点でようやくトータルの数字を見ることになります。

そのため、毎月安定した収入があっても、「成功が確定」とは確実には言えないのです。

逆に、**毎月の収支がプラスマイナスゼロの物件でも、場合によっては売却益で大儲けということもあり得ます**。

株式投資では売却益を狙って無配の銘柄も買うにもかかわらず、保有するのが不動産に変わった途端、配当（賃料）のみに目がいく人が少なくないのですが、それが私には不思議でなりません。

投資は、「保有して運用して売却」がワンセット。だからこそ不動産投資でも、出口戦略を常に考えておく必要があるのです。

**A：不動産には「保有するリスク」が常にあるため、「成功が確定」するのは、「売却による利益の確定時」のみです。**

## Q09：不動産投資の「失敗」はどのようなケースがある？

ここまで何度か言及してきましたが、不動産投資は株やFXと異なり、購入した次の日に全財産を失うようなことはまずありません。

しかし、投資なので当然ながら、負ける、つまり「失敗」することもあります。

不動産投資における典型的な失敗のケースとして、2つのパターンが挙げられます。

それが、**「毎月持ち出し」**になるパターンと、**「大きな売却損」**になるパターンです。

まずは、毎月持ち出しになるパターン。不動産投資をしている限り、区分ワンルームでも一棟マンションでも入退去は確実に発生しますし、それが一時的に重なることも十分にあり得ます。特に、学生をターゲットとしたマンションなどは、その傾向が強くなります。

そのため、「単月での持ち出し」というのはあっても不思議ではありませんし、そうなったからと言って失敗とも言えません。問題なのは、恒常的に持ち出しになることです。

そして、その金額が、毎月の本業の給与から出しても痛くない程度ならまだしも、生活を圧迫してくるようになったらそれはもう赤信号。

具体例としては、「6世帯の一棟アパートを購入したものの、3世帯しか入居がなく返済のほうが多い」といった、立地や物件の競争力などリーシングの読みを失敗するケースと、「新築区分ワンルームをサブリースつきフルローンで購入」といった、そもそも儲からないものを買ってしまっているケースなどが挙げられます。

不動産の保有とそこからの収益に対する税、融資を受けて取り組む際の返済額、定期的な修繕費用などは事前にある程度分かるものですし、投資の成否にかかわらず支払わなければならないものです。不動産投資で毎月の家賃収入が望めるようになる反面、支出も増えるということです。

ただ、支出のほうは固定性が強い一方、家賃収入は必ずしも固定ではありません。空室がずっと埋まらないような状況になると、リスクとして顕在化するのです。

そして、融資を利用している場合は、不動産（と給与）からの所得でその返済が追いつかなくなってしまえば、金融機関は「抵当権を実行」し、売却して回収に充てます。この動きから任意売却、あるいは競売へと繋がっていきます。

さらに、不動産の売却が完了しても、債務が全て返済できなければ免責にはなりません。残債務について、給与所得などから長期的に返済していく形になります。それでもなお返済が追いつかず、計画が組み立てられないような最悪の場合は自己破産となります。

さて、もう1つが「売却損」となるパターン。「買った時よりも安い価格でしか売れない」という、単純な値下がりリスクの話です。

「不動産」は、「土地」の価格はそれほど変化がなくても、「建物」は確実に古くなっていくので、時間の経過と共にその価値は下落していく傾向があります。

また、賃料についても建物の老朽化に伴い、地域ごとの下限に近づいていきます。特に投資用不動産は、収益性から逆算しての利回りに重きを置かれているので、賃料の下落は物件の売却時に大きな影響を与えます。

この傾向が顕著なのが、**地方の新築木造アパート**を保有したときの売却時です。

新築は、新築と中古があった際に新築に人が集中し、その分賃料を高く設定できる「新築プレミアム」と呼ばれる「乗っかった」賃料になっています。しかし入退去が1～2回あった後には、賃料はすぐに周辺相場に引っ張られ、築年数の経過と共に下落していきます。

また、日本での「木造建物」の金融機関や税制面からの減価は、なかなかのスピードです。

したがって5年後、10年後、20年後に売却をしようとした際に、「あれ？　今までの手残りよりも、損した金額のほうが大きいじゃん！」ということが決して少なくありません。

ともあれ、不動産投資における「失敗」のケースはここで挙げた、「毎月持ち出し」と「大きな売却損」の2パターン。こうならないためにも、本書をしっかり読んで成功するための参考にしてください。

**A：不動産投資の基本的な「失敗」のケースは、「毎月持ち出し」になるパターンと、「大きな売却損」になるパターンがあります。**

## Q10：不動産投資の「勝率」は高い？

「不動産投資は絶対に儲かります！」などとは口が裂けても言えませんが、**入り口さえ間違えなければ「勝率は高い」**というのが私の認識です。

マーケットの推移にもよりますが、今現在のマーケット相場より物件を安く購入することができれば、保有期間中のキャッシュフローの積み立てと、売却時の損益がプラスに振れる可能性が高いことは容易に想像できます。

「自分は素人だし、マーケットなんて読めないよ！」と思われるかもしれませんが、これについては、株価よりも遥かに読みやすいと考えています。

例えば、公示地価・基準地価といった公的指標の地価推移を見てみると、「リーマンショックで下がった」とか「アベノミクスで上がった」とか、ここ数年だけでも上下した「雰囲気」はあるものの、長期的に見れば、その幅（騰落率）は、バブル期に爆発していたものが緩やかに減少を続け、近年は下げ止まりから上昇しているのかな……？　というレベルです（「土地代データ【http://www.tochidai.info/】」というサイトに分かりやすいグラフが載っていますので参照してみてください）。

つまり、人口減少の著しいエリアや商業施設ができて盛り上がるエリアなど、個別の地域要因はあるものの、日本全体で押し並べて見てみると、近年のマーケットについては、**「土地価格の極端な上昇・下落はない」**ということが分かります。

売買時の諸費用はあるにせよ、購入時と売却時のマーケットにそこまでの差が生じないのなら、相場より安く購入することさえできれば、たとえ利回りが低い物件であっても、保有期間を長めに見ることで、定期預金よりも遥かに投資効率の良い商品となるでしょう。

ただし、ここで触れている「マーケットの推移」とは、あくまで「土地代」の全般的な推移です。建物は古くなるにつれ減価し、賃料も基本的には徐々に下がっていく傾向にありますので、その点は割り引いて予測する必要があります。

それでも、変動の大きな株価や為替の動きに比べると不動産のマーケットの推移は非常に緩やかであり、見通しやすいと言えるでしょう。

「相場より安い価格で購入する」ことに加え、「リーシング（入居）が見込めるエリアで投資する」こと、そして「無謀な借入れをしない」ことを心がければ、不動産投資は、**「負けにくい投資」**とさえ言えると思います。

**A：「不動産投資は絶対に儲かります！」とは言えませんが、重要なポイントを押さえて始めれば負けにくい、つまり「勝率の高い」投資だと言えます。**

## Q11：知り合いに「不動産投資をやっている人」を見たことがないけど大丈夫？

株やＦＸをやっている友人・知人は周りにいても、不動産投資をやっている人は知らないという方は少なくないと思います。

そして、「不動産投資をやっている知り合いなんていない」から、自分もチャレンジしづらいという気持ちも分かります。

しかし実は、**ほとんどの人が日常的に不動産投資と関わりを持っている**のです。

例えば、現在賃貸物件に住んでいる方であれば、その賃料が管理会社を経由して大家さんに流れていく、というのは一番イメージしやすいところではないでしょうか。

また、勤務先がどこかのビルに入っているのであれば、勤務先の会社（法人）は賃借人であり、テナント料が発生し、どこかの「ビルオーナーという大家さん」にお金が流れていきます。

さらに、頻繁にランチに行くお店が、賃貸のテナントの一画であれば、あなたのランチ代が回りまわって賃料の一部になっているかもしれません。

つまり、世の中には収益を得るための物件が極めて多く存在し、当然ながら、それぞれの物件には大家さん（オーナー）が存在しているのです。

このように考えると、不動産投資を身近なものとして捉えられるのではないでしょうか。

都心部にそびえる数千億円の巨大商業ビルや、１００世帯を超えるようなファミリーマンションなどといった超大規模一棟物件のオーナーは、「リート・ファンド」といった法人や大企業であることが多く、自分が保有することなども全く想像がつかないでしょう。

しかしながら、よく見かける木造のアパートや20世帯程度のマンション、小ぶりな一棟ビルなどは、個人所有のオーナーがほとんどです。また、投資用のワンルームもあります。その数だけ、「大家さん」「不動産投資家」が存在しているのです。

しかし、日本では年収などをオープンにする人が少ないように、実際には不動産を含め、投資・運用をやっていても、自慢話が好きな人でもない限り、皆が皆それを人に話すわけではありません。

私は職業柄ということもあり、お客様はもちろん、友人相手でも投資・運用などのお金の話を割とよくしますが、実は投資をやっているけれど周囲に話していないという人も相当数いると思います。

そのため、実は不動産投資をやっている知り合いが（気がついていなかっただけで）いたということも普通にあり得る話です。

そして、この本を手に取っているあなたは、少なくとも不動産投資に興味はあるということでしょう。

本書は、読者の方を不動産投資で成功に導くことを最大の目的として書いたものですが、まずは、不動産投資を身近に考えるきっかけとして読んでもらっても嬉しい限りです。

**A：公表していないだけで「本当は不動産投資をやっている」人は少なくありません。不動産投資との関わりは、多くの人の身近なところに存在するものなのです。**

# 第2章
# 不動産投資を始める前に知っておくべきこと

## Q12：「元手」はどれくらい必要か？

これから不動産投資にチャレンジしようという方からよく受ける質問として、「元手（資金）はいくらあれば始められますか？」というものがあります。

実際、いくらあれば始められると思いますか？

私が最近読んだ、ある不動産投資関連書籍の中には「物件によっては数百万円から可能だが、都心では2000～3000万円ほどあると無理なく始められる」といった記述がありました。

私自身、投資用の不動産を扱う営業担当者。確かに「そのくらい持っていると助かる」と思います。

しかし、この数字を正直に伝えると、「そんな大金あるか！　そのくらいの金を作りたいからこそレバレッジが利く（しかもフルローンも可能らしい）不動産投資をやりたいんじゃないか！」と怒りだすお客様もいるのではないかと思います。

実際、「2000万～3000万円用意しろ」と言われても、「10年以上生活を切り詰めてもできるかどうか……」という方も決して少なくないでしょう。

結論から言ってしまえば、「王道ではない投資スタイル」であれば、やり方次第で、**1億～2億円といった大規模な不動産投資でも、200～300万円程度の元手で、あるいは極端な話、「自己資金ゼロ」からスタートすることも不可能ではありません。**

ただし、元手（自己資金）の抑制にばかり注力すると、安全とは言いがたい物件にチャレンジすることなる可能性が強まることを認識しておく必要があります。

以下、投資対象となる不動産と最低限必要な自己資金・年収の簡単な目安を記します。

**【物件ターゲット別、必要自己資金と年収などの目安】**

・郊外・地方の中古物件（ボロ家）の再生（物件価格帯イメージ：100万〜500万円）

→自己資金：300万円前後から／現金購入想定なので年収問わず

・郊外・地方の中古区分マンション（物件価格帯イメージ：100万〜500万円）

→自己資金：300万円前後から／現金購入想定なので年収問わず

・都心部の中古区分マンション（物件価格帯イメージ：1000万円〜2000万円）

→自己資金：500万円前後から／年収：500万円前後から

・郊外・地方の一棟アパート（物件価格帯イメージ：2000万円〜8000万円）

→自己資金：0円から（フル・オーバーローンでの組み立て含む）／年収：400万円前後から

・都心部の一棟アパート（物件価格帯イメージ：5000万円〜1億5000万円）

→自己資金：2000万円前後から／年収：800万円前後から

・郊外・地方の土地・建物が大きな一棟マンション（物件価格帯イメージ：8000万円〜5億円）

→自己資金：0円から（フル・オーバーローンでの組み立て含む）／年収：1000万円前後から

・都心部の土地は小さいが建物の階層がある一棟マンション（物件価格帯イメージ：1億円〜5億円）

→自己資金3000万円前後から／年収：1500万円前後から

このように、投資規模が小さいもの（戸建再生や区分ワンルームなど）については現金購入、あるいはリフォーム代など一部のみ融資を利用する形であれば、自己資金300万円前後から始めることも可能です。

実際、不動産投資サイト「楽待《らくまち》【http://www.rakumachi.jp/】」のコラムなどでも、激安戸建から始めて安定収入を積み上げる方や、安い戸建の売却益を取りながら投資を拡大される方など、成功事例も散見されます。

本書を執筆している現在（2015年7月）においては、オリンピック気運があるため、東京エリアの価格の上昇（表面利回りの低下）が露骨なこともあり、都心部を狙う際には、借入れの割合が高過ぎると投資として成立しづらくなりそうです。つまり、都心部でやりたいのであれば、ある程度まとまった額の自己資金の投入が必要となる傾向です。

また、地方の一棟マンションなど、規模は大きくても利回りが追いつく物件であれば、フルローン・オーバーローンの組み立てでも投資として成立します。ただし、この場合は自己資金の持ち出しがなくても勤務先の信頼度やある程度の年収が求められます。

ちなみに、オーバーローンとは、不動産を取得する際に売買金額に加えて諸費用まで、場合によってはそれ以上に融資を利用することを言います（「Q14・不動産投資を始めるにあたって知っておきたい『用語』とは？」52Pを参照下さい）。

ともあれ、実際のところ不動産投資は、「購入対象となる不動産の担保力」「金融機関から見た本業の年収や勤務先などの属性」「自宅や親の資産など」によっては、**「元手ほとんどなし」**でスタートできてしまうケースもあります。

しかし、「フルローンが出た！」「自己資金を使わずに購入できた！」という状況になったからと言っても、イコール「良い投資」とは言えないのが実情です。なぜなら、「たくさん借りればたくさん返す必要がある」という当たり前の背景があるからです。

確かに、借入れによるレバレッジ効果が期待できるのは不動産投資の利点の１つですし、たとえ、自己資金が１０００万円あったとしても、「使わなくてもいいですよ」と言われると、そちらになびいてしまうのは人間の性かもしれません。

フルローンやオーバーローンを否定はしませんが、自己資金を抑制して臨む際には、当然その分のリスクを取る覚悟が必要です。そのことを肝に銘じて取り組みましょう。

そして、やはり基本的には先に挙げたように、投資対象となる不動産別の最低限必要な自己資金は準備して始めたいものです。

**Ａ：場合によっては「元手ほとんどなし」で始めることも可能ですが、基本的には投資対象の不動産に応じた最低限の自己資金を準備して始めるべきです。**

## Q13：不動産投資の「流れ」とはどのようなものか？

極端な話、不動産投資は「買う」「持つ（運営する）」「売る」だけなのですが、それではあまりにも乱暴なので、ここでは不動産投資を始める段階から、その投資を終えるまでの具体的な流れを説明していきます。

### ①不動産投資の本を読む

なんの予備知識もなく、不動産投資を始めるのはやはり無謀というもの。まずは流し読みでもよいので、本書を含め、不動産投資関連の書籍を読んでみましょう。なお、書き手の「立ち位置」（不動産販売業者なのか大家さんなのかなど）によっても内容はまちまちなので、２～３冊は目を通してみるのがお勧めです。

### ②目的・目標を設定する

「Ｑ07・不動産投資を始める前に考えておくべきことはある？」（31Ｐ参照）でも書きましたが、ざっくりとでもいいので、「なぜ不動産投資を始めるのか」という目的と、「どのくらいの時期にどうなっていたいか」という目標を考えましょう。

**③インターネットで投資物件を眺めてみる**

インターネット上には投資用不動産が溢れていますが、まずはいろいろと見てみてください。この段階では、「港区って利回り低い！」「埼玉県でもこの辺りは高いんだなぁ」など、相場観がなんとなく掴めればＯＫです。

**④不動産業者のセミナーや個別面談（個別相談）に登録・参加してみる**

セミナーや個別面談などに参加し、直接話を聞いて、書籍・ネットなどで得た知識と、最新の状況を擦り合わせます。いくつか参加してみるべきですが、どのようなセミナーや個別面談が「当たり」かは後述します。不動産業者自体もそうですが、営業担当者によっても当たり外れが大きいので、そこは要注意。

**⑤信頼できそうな営業担当者（不動産業者）を絞り込む**

自分の不動産投資を任せられそうな、本当に信頼できる人を見つける。**ある意味、これがうまくいけば「完了」**です。なぜなら、信頼が置けて、かつスキルのある営業担当者を見つけることができれば、あとはその人が持ってきた成功する可能性が高い案件に乗るだけ……とも言えるからです。

**⑥勧められた物件を検討する**

現地を確認し、本当に賃貸物件として稼働に問題がないかなど、様々な面から確認します。

**⑦購入の申込・融資の打診をする**

どのくらいまでであれば金額の交渉が適うのかという売買条件の確認と、どの金融機関がどういった条件で融資をしてくれるのか、候補となる金融機関に審査を依頼します。これについては、⑤で捕まえた営業担当者の手腕によって状況が変わってくるでしょう。

**⑧売買契約締結・決済・引渡し**

融資の見通しが得られれば、あとは契約→決済→引渡しとスムーズに進んでいきます。

**⑨保有・運営開始**

所有権が移り、いよいよ「不動産のオーナー」となります。あとはいかに稼働状況を改善し、賃料のキープ、上昇といった、収益の最大化を図ることが出来るか、という「管理」に重点が移ります。これまた、⑤で捕まえた営業担当者（不動産業者）が「売り切って終わり」ではなく、音頭を取ってくれると楽です。なお、次の⑩の段階までどれだけ期間を取るかは、物件によって判断の異なるところです。

**⑩売却査定・売却活動依頼・販売活動**

相場よりも安く売る場合は別として、不動産が「いつ売れるか」というのはなかなか見えないものです。ただ、良好な運営ができていれば、賃料収入があるため、「高く売れたらラッキーだけど、売れなくても平気」という、気楽かつ強気な売却活動のスタンスを取ることができます。

**⑪売却・引渡し**

無事に購入希望者が現れて、契約・決済完了。これにて、1つの不動産投資案件についての、トータルでの収支が確定されます。

以上が、一般的な不動産投資のスタートからゴールまでの流れですが、やはりなんと言っても重要なのは工程⑤。**信頼できる営業担当者（不動産業者）を見つけるという部分がクリアできてしまうと、⑥〜⑪がうまくいく可能性がグンと上がります**。

ただもちろん、お互いにビジネスなので、相手にも利益があってこそ初めて成立する関係です。そのため、優秀な営業担当者と渡り合うために押さえておきたい知識などは、ぜひ本書を活用してください。

なお、「物件を探す（開拓する）ところから自分でやりたい！」「不動産業者の勧めてくる物件なんて信用できない！」と言う方もいらっしゃるでしょうが、そういった方々には、第5章「良い物件に巡り会うためのポイント」が特に参考になると思います。

**A：基本的には、まず知識を身につけ、購入、保有（運営）、売却という流れですが、重要なのは信頼できる営業担当者（不動産業者）を見つけることです。**

## Q14：不動産投資を始めるにあたって知っておきたい「用語」とは？

不動産投資をするには難しい勉強が必要だろうから無理だ……と思っている方もいるかもしれませんが、プロや販売する側の人間でなければ、そこまでの知識がなくても全然ＯＫです。

また、今はなんでもパソコンやスマホで検索できる時代なので、分からないこと、知りたいことがあればそのつど調べることもできます。

ただ、毎回調べるというのも面倒でしょうから、ここでは、不動産投資関連の中でも「最頻出《さいひんしゅつ》」と呼べるような用語について解説していきます。ここで紹介する程度の用語を覚えておけば、例えば物件概要を見たときなどにいちいち調べずとも、すんなり内容が理解できることと思います。

**【不動産関連用語】**

**・「所在地」「地番」**――「所在地（または住居表示）」と記されているものは、郵送物などが届くいわゆる「住所」。一方「地番」は、法務局で管理されている「土地固有の番号」です。ただし住居表示がなく、地番＝住所のエリアもあります。

**・「所有権」「借地権」**――不動産には、「所有権」だけではなく、「借地権」もあります。借地権は、地主から土地を借りて建物を所有する形です。土地の固定資産税は不要（地主が支払う）である反面、毎月の地代が必要になります。なお、所有権と比べると借地権のほうが融資のハードルが高く、価格は安い（利回りは高い）傾向です。

**・「建ぺい率」**——土地の大きさに対する「建築面積の割合」のことです。上空から見下ろした際、土地に対してどれくらい建物が存在しているかの割合とイメージしてください。

**・「容積率」**——土地の大きさに対する「建物の延床面積の割合」のことです。全フロアの合計を土地面積で割ると算出できます。建ぺい率や容積率の違いは、不動産の価値そのものの判断に大きな影響を及ぼします。なぜなら、例えば同じ１００㎡（約30坪）の土地があった場合、容積率が１００％のものと４００％の場合とでは、建築できる建物の大きさがかなり異なるからです。ちなみに、建ぺい率・容積率共に、本来は火災などにおける避難を目的とした法律です。

**・「建ぺい率（容積率）オーバー」**——建ぺい率と容積率は、エリアによって最大値が決められていますが、中には、それを超えて建築されているものが存在し、完全な「違反建築物」と、後から法律が変わったため数値を超えている「既存不適格建築物」があります。いずれにしても、数値を超えている物件は金融機関が嫌がるため、融資がつきづらくなります。ただ、本来可能な範囲以上に建築されているため、利回りは高くなる傾向があります。

・**「接道」**——読んで字のごとく、物件と接している道路のことです。木造アパートなどは、通常の「戸建」が建築しづらい場所を活用するために建築されているケースも多いため、接道の良し悪しの把握は重要です。しかし、接道が悪くても、そのぶん価格が納得できれば「アリ」です。

・**建物の構造に関する用語**——「ＳＲＣ」＝鉄骨鉄筋コンクリート構造、「ＲＣ」＝鉄筋コンクリート構造、「Ｓ」＝鉄骨構造。特徴は後述しますが、「ＳＲＣ」や「ＲＣ」は頑丈で、融資がつきやすい傾向があります。

・**「新耐震」「旧耐震」**——昭和56年6月1日以降に着工された（建築確認が下りている）建物を「新耐震」、それ以前を「旧耐震」と分類します。要するに、今の法律（建築基準法）に則って建てられているかどうかということ。融資可否の大きな目安になります。

・**「諸費用」**——登記費用や仲介手数料、売買契約書に貼付する印紙などといった、不動産の売買に際して必要な費用の総称です。諸費用はざっくり「売買価格の7～8％」程度に落ち着くイメージです。つまり、1億円の物件なら諸費用が７００～８００万円ほど発生します。

・**「路線価」**——国が毎年発表する「相続税路線価」のこと。相続、遺贈または贈与により取得した財産に係る相続税及び贈与税の財産を評価する場合に適用されます。物件が接道する前面（または最寄り）の路線価は、金融機関の評価の基になるケースも多いです。

なお、路線価は「財産評価基準書　路線価図・評価倍率表【http://www.rosenka.nta.go.jp/】」や「全国地価マップ【http://www.chikamap.jp/】」などで確認できます。

・**「実勢価格」**――実際に売買される価格、つまり不動産の取引が成立する時価（マーケット相場）のことです。ただし、検討する物件や売却する物件「そのもの」の実勢価格は実際に売買されるまで分からないため、近隣の取引事例や販売中の物件の相場などから、「実際に取引されるであろう価格」という意味で使われます。

・**「積算（評価）」**――土地の評価と建物の評価の合計です。具体的には、路線価などをベースとした土地の評価と、建物の大きさ・構造・築年数を考慮して足した評価です。計算方法は簡単に見えますが、金融機関によってベースとなる単価が異なるため、「～から見た（～とした）場合の『積算評価』」などとは言えるものの、絶対的な積算評価（○○万円）というものは存在しません。

・**「収益還元（評価）」**――不動産が生み出す利益・収益から見た評価方法です。ごく簡単に言うと、「利回りからの評価」ということです。

**【金融関連用語】**

・**「キャピタルゲイン」**——「売買差益」のことです。物件を買った価格と売った価格の差で発生する利益のことです。なお、損失が出た場合は「キャピタルロス」と言います。

・**「インカムゲイン」**——安定的・定期的な収入のことです。株であれば配当、預金であれば利息ですが、不動産投資においては「賃料収入」と認識しておけばよいでしょう。

・**「利回り」**——単に「利回り」と言う場合は、普通「表面（グロス）利回り」のことを指し、「満室時の年間賃料収入の合計÷物件購入価格」のことです。対して、「実質（ネット）利回り」というものもあり、これは、「（満室時の年間賃料収入－年間支出）÷（物件購入価格）」で計算します。

・**「フルローン」**——購入する物件価格をまるまる借入れすることです。諸費用の部分のみ自己資金が必要なパターンですが、人によっては次の「オーバーローン」の意味で使っている人もいます。

・**「オーバーローン」**——物件購入価格に加えて諸費用まで、場合によってはそれ以上に融資を利用すること。完全に「自己資金ゼロ」というのがこれです。尚、実需（自宅用の住宅）を扱う不動産業者では、借入金がその不動産の時価を上回ることを指す場合もあります。つまり、その物件を売却してもローンが残ってしまう状態のことです。

・**「減価償却」**――物件を買ったときに一度に費用にせず、毎年少しずつ費用として計上することです。建物は用途や構造などによって減価償却費の計算方法が決まっています。

・**「法定耐用年数」**――減価償却期間の算定基準となっている年数です。建物の用途（住居用か事務所用かなど）や構造などによって年数が異なります。例えば、住居用の木造建物は22年、住居用のSRC（鉄骨鉄筋コンクリート構造）建物は47年といった具合です。

・**「長期譲渡」「短期譲渡」**――不動産のキャピタルゲインに対する税率は、保有して5年超で売る（長期譲渡）か、それ以前に売る（短期譲渡）かで「倍」も変わるのです。簡単に言うと、長期譲渡ならば税率が約20％、短期譲渡なら税率が約39％です。

以上、不動産投資に関わるにあたり、よく目にする「不動産関連用語」「金融関連用語」をまとめてみました。続いて、次項では、不動産投資に関連する様々な「指標」について解説したいと思います。

**A：不動産投資関連用語を全部覚えようとしてもキリがありませんが、ここに挙げた「最頻出」と呼べるような用語程度は知っておいて損はありません。**

## Q15：不動産投資を始めるにあたって知っておきたい「指標」とは？

前項の「用語」集の延長となりますが、不動産投資については、様々な「指標」も存在します。ただ、指標は横文字ばかりで馴染みもないでしょうし、用語同様、丸暗記する必要もありません。簡単に説明していきますので「こういう指標があるのか」くらいの姿勢で読んでみてください。面倒に感じたら後回しにしてしまいましょう。

・**「GPI（潜在総収入）」**——理想的な賃料収入の総額（年額）のことです。

・**「EGI（実行総収入）」**——GPIから空室や滞納損などの考慮すべきリスクを差し引いたもの。

・**「OPEX《オペックス》（運営費）」**——保有物件の共用部分の電気料金や、固定資産税・都市計画税などのランニングコストのことです。

・**「CAPEX《キャペックス》（資本的支出）」**——OPEX（運営費）とは異なり、不動産の価値や耐久年数を延ばすための経費のことです。大規模修繕費用などはCAPEXにあたります。

**・「NOI（純営業収益）」**――EGIからOPEXを引いたもの。「ネット収入」とも言います。

**・「CF（キャッシュフロー）」**――NOIから年間返済総額を引いたものです。「税引き前利益（BTCF：ビフォアー・タックス・キャッシュフロー）」とも言います。

**・「ATCF（アフター・タックス・キャッシュフロー）」**――CF（BTCF）から税金を引いたものです。「税引き後利益」、あるいは「最終利益」などとも言います。

**・「ADS（年間元利金返済額）」**――元金も金利もコミコミの年間の返済総額。

**・「FCR（総収益率）」**――投下した資本（資金）がどれだけ利益を生むかという、物件の投資効率を表す指標。「NOI÷投資総額」で導きます。

**・「K%（ローン定数）」**――「ADS÷借入総額」で導かれる、「融資の調達コスト」が明らかになる指標です。金利や融資期間でADSは変化しますのでK%もADSで変わってきますが、不動産投資の場合、FCRよりもK%が低ければ「レバレッジが効いている」、つまり投資として成立していると覚えておけばよいでしょう。

・**「CCR（自己資本配当率）」**――「CF÷自己資金額（実際に投入した資金）」で導かれます。税引き前利益を実際に投入した資金で割ることで投資効率が分かります。ただし、オーバーローンなど「自己資金ゼロ」で購入するパターンだと役に立たない指標です。

・**「PB（資金回収期間）」**――「ペイバック」と読みます。「自己資金額÷CF」で導かれます。投下した自己資金が何年で回収できるかという指標です。

・**「BER（損益分岐入居率）」**――「（OPEX＋ADS）÷GPI」で導かれます。要は、出ていくお金（運営費と返済額）を入るお金（満室想定賃料）で割ったもの。この数字で、物件の戸数の何パーセントが埋まっていれば黒字経営かが分かります。

・**「DCR（借入金償還余裕率）」**――「NOI÷ADS」という計算で導かれる、年間の返済額に対する純営業収益の比率です。DCRが大きいほど、「返済の確実性」が高くなります。

・**「IRR（内部収益率）」**――物件を購入してから売却するまでの全収益、つまり、「投資期間全体の投資利回りを示した指標」です。IRRが借入れ金利を上回っていれば、その投資は実行する価値があると言えます。

**・「NPV（正味現在価値）」**――増加した正味金額を現在の価値に補正したものです。前提にあるのは、「今日手元にある1000万円と1年後の1000万円とは価値が異なる（預金しとけば金利がつく）」という金融の概念です。ごく簡単に言うと、NPVは「投資案件の最終的な儲け」のことなので、NPVが0より大きければ、その投資は実行する価値があると言えます。

ちなみに、「IRR」と「NPV」の数値を出すには複雑な計算が必要なのですが、そのあたりは次項で解説しています。

以上、不動産投資でよく見る指標について解説してきましたが、特に初心者の方は、理解するのがかなり難しかったと思います。

全部覚える必要はもちろんありませんし、気になる指標については、プロである投資用不動産の営業担当者に詳しく聞いてみてもよいでしょう。納得できるような説明ができるか否かで、その人が信頼できるかどうかも見極められそうです。

ともあれ、不動産投資において何を重視するかによって気にする指標も異なりますが、最後に、私が考える重要な指標について記しておきます。

まず、**「毎月手元に残るお金を重視」する場合は、「CF（BTCF）」つまり、税引き前利益を重視**してください。見かけの表面利回りだけでは見えない、実質的な手残りがどれくらいになるのかが分かります。実際、「これ（CF）が全てだ！」という売り方をする業者も少なくないほどです。もちろん、ATCF（税引き後利益）も重要ですが、そもそものキャッシュフローがなければ、それも期待できません。

続いて、**「自分が投下した資金をある程度の期間で確実に回収することを重視」する場合は、「CCR」と「PB」を重視**してください。「元は確実に取りたい」「とにかく損はしたくない」人は考慮すべき指標だと言えます。

最後に、**「出口戦略までを含めたトータルでの利益を重視」する場合は、「IRR」と「NPV」をチェック**。つまり、IRRやNPVは重要な指標と言えるのですが、前述の通り計算が複雑なので、次項で紹介するシミュレーターなどの活用をお勧めします。

A：様々な指標がありますが、「毎月手元に残るお金を重視」する場合は、「CF（BTCF）」。「自分が投下した資金をある程度の期間で確実に回収することを重視」する場合は、「CCR」と「PB」。「出口戦略までを含めたトータルでの利益を重視」する場合は、「IRR」と「NPV」といった具合に、不動産投資において何を重視するかによって気にするべき指標も異なります。

## Q16：不動産投資の「シミュレーション」はできる？

**不動産投資は「シミュレート」できます**。

もちろん、机上の計算ばかりで実際に動かなければ一銭も儲かりませんが……ということはさておき、私が特にお薦めしたいのは、プロも活用する有料（優良）ソフト「ＲＥＩＦＡ《リーファ》【http://www.reifa.jp/】」です。

１ライセンス３万９８００円（２０１５年８月現在）と、なかなかのお値段ですが、入力項目も比較的少なく、前項で挙げたＩＲＲやＮＰＶについても数値が表示されるため、お手軽かつ「全部入り」とも言える内容です。

「詳しいシミュレーションを実施致します！」などと謳う投資用不動産業者の手元を見ると、「お前、リーファを使ってるだけじゃないか……」ということも少なくないほどです。

なお、リーファは14日間のお試し無料使用もできるため、「本格検討したい物件」が出てきた際には、ぜひ使ってみることをお勧めします（すごく推していますが念のために言っておくと、私は何の利害関係もありません）。

この他にも、「不動産投資」「シミュレーション」などでネット検索すると、玉川陽介氏（不動産投資家で、不動産投資関連のフリーシミュレーションソフトなどを作成・提供している）のものや、「楽待《らくまち》」（投資用不動産情報サイト。69Ｐなど参照）のものなど、様々なシミュレーターがいくつも出てくるので、使いやすいもので試してみてください。

私はリーファをお勧めしますが、自分の中で1つ決まったシミュレーターがあると、物件の数値的な良し悪しをある程度客観的に把握することができ、比較検討も容易になります。

ただし、シミュレーションをやってみる際には、1つ大きな落とし穴があります。

それは、**「作る人によって結果が異なる」**という点です。

甘〜い見通しの数値ばかりを入力してしまうと、もちろん超理想的なシミュレーション結果が出ますし、かと言って、ネガティブ過ぎる数値ばかりを入力すると、不動産投資なんかとても始められないような結果が出てしまいます。いずれも、現実に即したものとは言えません。

すなわち、**収益の計画は緩すぎず、厳し過ぎず、的確に見る必要があります**。

例えば、平成元（1989）年築の木造アパート、8世帯同一間取りの物件があったとします。

賃料は、近頃入居した4世帯が4万円、昔から入居していた4世帯が6万円、月額40万円の賃料収入です。

ここで、例えばGPI（総潜在収入）を考慮する際に、「月額40万円×12か月=年額480万円！」と、そのまま入力してしまうと、これは、入口からしてシミュレーションが緩くなってしまいます。

なぜなら、近頃入居した4世帯は4万円しか賃料をもらっていないのです。もし、6万円をもらっている部屋の入居者が退去した場合、次も6万円の賃料でいけるでしょうか？

現実的に考えて、「最近は4万円で入れているけど、内装なんかを頑張ればもう少し上げられるかも……」この程度なら、確かになんとかなるかもしれません。

4万円の部屋はそのままとして、6万円のお部屋が全て4・5万円になったとすると、月額は34万円、

12ヶ月でＧＰＩは４０８万円です。なお、この作業を俗に「賃料の引き直し」と呼びます。

その他、**入力項目としてブレやすいのは「空室率」と「運営費（ＯＰＥＸ）」の部分**です。

ＧＰＩを適正値で設定した後は、**空室率を５％前後で設定**しましょう。

これだと、「４世帯のアパートの場合なら、１室抜けただけで空室率25％じゃないか。現実に即していない！」なんて言われることもありますが、あくまで空室率というのは年間で換算するものですので、１室が１年間ずっと空室でない限りは、空室率25パーセントにはなりません。

続いて、運営費もシミュレーション作成者次第で数字が大分異なります。戸建や木造２階建てのアパートなどは運営費が少ないですが、一棟マンションやエレベーター付設の物件などは、運営費も多くなります。

ざっくりとした目安ですが、**例えば一棟アパート・一棟マンションの物件であれば、ＧＰＩに対して木造で10～15％程度、ＲＣ構造の中規模物件で15～20％程度、ＲＣ構造の大型物件（エレベーターあり）で20～25％程度**のイメージです。ただ、もちろんこれは運営を始める前のシミュレーションとして入力すべき数値であり、現実に保有してからは、実際のコストをそのまま拾い出すのが一番確実です。

この他、資金部分、借入れや金利に関しての項目もシミュレーションには存在しますが、これは入力者の都合ではなく、「どこの金融機関でローンを組み立てるか」によって、大きく変わるものです。

そして、やはり最もブレやすい項目、つまり、**予測しにくいのが「（予想）売却価格」**です。

未来のことは予想がつかない以上、これに関して熟考し過ぎるのは時間の無駄です。

ただし、先のことは分からなくても過去のことは分かります。近似、または類似のエリアにおいて、築20年の一棟アパートや、築5年の一棟RC物件など、現在販売されているものを見れば、どういった価格帯で売っているのか、どのような利回り感で販売しているのか、あくまで「今」のマーケットではあるものの、大まかに掴むことができます。

また、土地としての売却価格予測については、近隣エリアの更地販売価格・坪単価を把握することで、対象不動産の土地面積をかけ合わせれば、建物よりも容易に概算は把握できます。

しかし、不動産の売買は価格交渉が入ることがほとんど。そのため、現在販売中の物件情報サイトに掲載されているような価格よりは、割り引いて予測する必要があります。

ともあれ、収益計画を立てたりシミュレートしてみる際には、「甘く見過ぎず」「厳しく見過ぎず」が鉄則。できるだけ現実に即した数値で考えるようにすることが重要です。

**A：シミュレーターなどを使って不動産投資のシミュレートをすることは可能です。ただし、収益計画は緩過ぎず、厳し過ぎず、的確に見なければなりません。**

## Q17：不動産投資を始めるタイミングはいつがいい？

投資に適う物件があり、かつ、投資できる環境にいればという前提がつきますが、**「早いほうがいい」**です。

理由は2つ。1つは「年齢」、もう1つは「家賃収入」です。

融資を使う際に忘れてはいけないのが、金融機関は、建物のみならず「人間」にも、法定耐用年数ならぬ**「完済年齢」を定めている**点です。

ほとんどの金融機関は「75歳まで」「80歳まで」など、そこまでに返せる期間でしか融資を組むことができません。ちょっと露骨な表現になりますが、あからさまに寿命が短い人の「団信があるから、死ねば借金チャラ。家族に資産も残せる！」という思惑はそう簡単には通らないのです。

加えて、定年の時期や退職金などについても総合的に勘案されるため、50代後半になってからの取り組みはそう簡単ではありません。実際、5000万円を借りるにも、20年間で返済するのと10年間で返済するのとでは、毎月の返済額も雲泥の差です。

そして、もう1つの理由の「家賃収入」。

「不動産は時間と空間のビジネスですからね！」これは、私が担当したお客様が語った言葉です。的を射た、不動産投資の根幹ともいえるフレーズのため、とても心に残っています。

超長期保有を予定していても、中期での保有・売却を目指すにしても、不動産投資は（適正な物件であれば）所有を開始した時点から、現金収入が毎月入ってくるものです。

簡略化した例ですが、月額20万円のキャッシュフローが得られる不動産ならば、1年で240万円、5年で1200万円、10年で2400万円（全て税引前）という累積になります。慎重な人が不動産投資を5年間勉強している間に、5年前に始めた人は1200万円を取得しているかもしれないということです。

この例は、あくまでインカムゲインの積み立ての話ですが、現在のようなマーケットの上昇傾向（＝利回りの下落傾向）がある場合、すでに物件を取得していた人にとっては、売却益を狙うチャンスも大きくなります。

大局的な視点からは、2020年の東京オリンピックという大規模イベントが控えていることから、「オリンピック後にリセッション（景気後退）があるのではないか」「マーケットが落ち着いてから参入したほうが安く買えるのではないか」そういった予想をされる方もいらっしゃるでしょう。

こればかりは先のことなので確定的なことは言えませんが、一方の人がリセッション後を狙ってひたすら待機している間に、賃貸物件のオーナーになった人は、その日から賃料収入の積み上げが始まることは確実に言える事実です。

過大なキャピタルロスが見込まれる物件はもちろんお勧めできませんが、仮に、マーケットよりも若干高めに購入したとしても、保有期間中に得られるインカムゲインと売却金額とのバランスが取れていれば、投資としては十分に成立します。

**A：投資に適う物件があり、投資できる環境にいればという前提はあるものの、「年齢」と「家賃収入」のことを考えると、基本的には「早いほうがいい」です。**

## Q18：投資用不動産サイトをどのように利用すればいい？

不動産投資の勉強や、投資用不動産の物件情報を得るためにウェブサイトの活用は今や必須です。以下、不動産業者もよく見ている「定番の投資用不動産ポータルサイト」の特徴を紹介していきます。

● **「楽待《らくまち》」**（http://www.rakumachi.jp/）

株式会社ファーストロジックが提供する、不動産投資ポータルサイトです。マッチング機能が秀逸で、事前に好みや条件、収入証明などを登録しておけば、不動産業者からダイレクトアプローチが届く「楽待提案」という面白いサービスもあります。また、大家さんのコラムなどの読み物も充実しており、他サイトよりも頭1つ抜けているイメージ。

● **「健美家《けんびや》」**（http://www.kenbiya.com/）

不動産投資ポータルサイトの中では「老舗」と言える存在です。投資用物件の検索サイトとして、多くの不動産業者から認識されています。情報も早いです。

● **「不動産投資 連合隊」**（http://www.rals.co.jp/invest/）

株式会社ラルズネットの提供。新築アパートの建売業者さんもよく掲載しています。軍隊風のテレビ

ＣＭが印象的。ただ、個人的にはウェブサイトがもう少し見やすくなればな……と思っています。

### ●「ノムコム・プロ」(http://www.nomu.com/pro/)

野村不動産アーバンネット株式会社が提供する不動産サイト「ノムコム」の投資用のものです。三井リハウス、東急リバブル、住友不動産販売などの財閥・鉄道系も投資用不動産ウェブサイトには力を入れているものの、見やすさと力の入れ具合ではノムコム・プロに軍配が上がると思います。

この他にも様々なウェブサイトはありますが、紹介していくとキリがありませんので、ここで挙げた４つの不動産投資ポータルサイトを、まずは見てみるとよいと思います。

もちろん、これ以外にもいろいろ見てみたい！　という方はぜひそうしてみるべきだとは思いますが、投資用不動産ポータルサイトでは、会員登録の際に、希望や自己資金などをフォームに入力していくと、登録された希望に近い物件などが随時メールで届くようになります。

そのため、あまりに多くのサイトに登録してしまうと、捌くのが面倒になり、情報が整理できなくなるため、ほどほどにしておきましょう。

さて、具体的なウェブサイトの使い方ですが、ここでは、現在最も利用者数が多い「楽待」のパソコン用サイトを例に挙げて紹介していきましょう。現在パソコンを使用できる環境にいる方は、実際に操作しながら本書を読み進めていくと分かりやすいと思います。

楽待のトップページのど真ん中には「収益物件を検索」という項目があります。

選択・入力する項目は、「都道府県」「物件種別」「価格（以上）」「価格（以下）」「利回り」「フリーワード」ですが、全てを選択する必要はありません。まずは、このうち、自分の投資対象としたいエリアを選択して、狙う物件の種別（「一棟アパート」「一棟マンション」「区分マンション」など）にチェック。

ここでは「東京都」「一棟マンション」で検索してみることにしましょう。

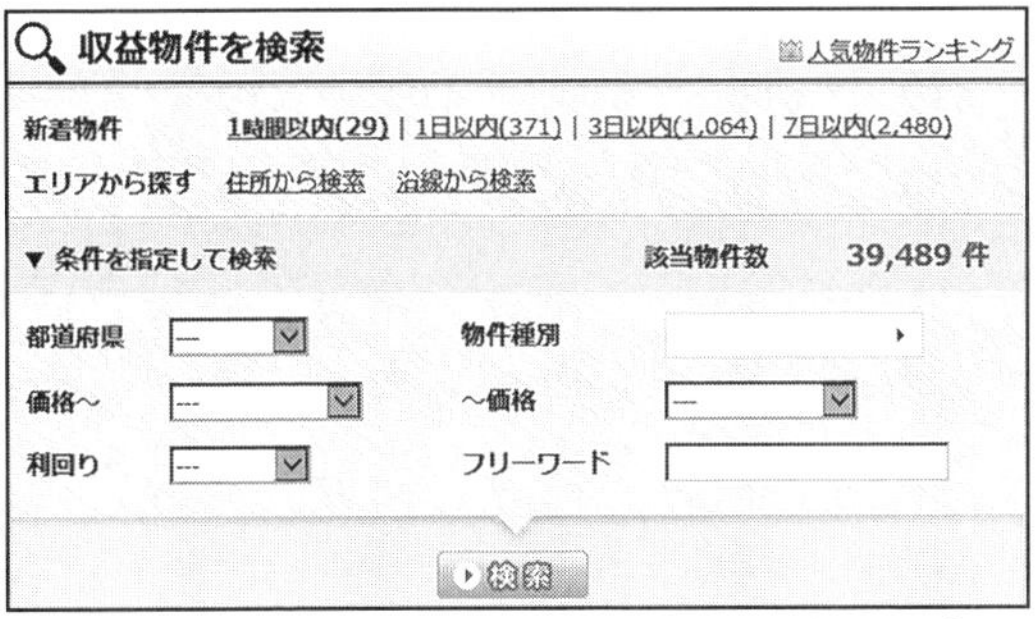

投資用不動産サイト「楽待」（http://www.rakumachi.jp/）のトップページに表示される検索画面

入力すると、検索結果がズラッと出てきます。検索エリアにもよりますが、この時点ではかなりアバウトな条件で抽出していますので結構な数です。2015年7月7日13時にこの条件で検索すると、1854件の物件が表示されました。

次に、検索結果画面の左側にある入力欄で、もう少し絞り込みをかけてみましょう。「物件種別」や「利回り」「価格」は先ほどもありましたが、「構造」「築年数」「駅徒歩」「新着」といった、細かな項目が表示されます。

先の東京の例に追加で「構造」を「RC造・SRC造」、「築年数」を「5年以内」、「駅徒歩」を「10分以内」で検索してみると、84件まで絞り込みができました。

ここで表示された検索結果一覧の上部にある「並び替え」をクリックすると、価格の高い順・安い順、利回りの高い順・低い順などに並べ替えることができます。ちなみに、「利回りの高い順」で並べ替えると、一番高いもので7％、次に6・89％、その後6％台が4件で、以下は

5%台、4%台のものがほとんどという結果でした。

**こうした作業によって、マーケットを俯瞰することで徐々に相場観が養われます**。実際に投資用不動産を扱う業者やコンサルタントに物件を紹介された際、その物件がマーケットよりも高いのか安いのか、その良し悪しを判断するための軸を作るための検索方法と言えるでしょう。

ここで、東京・一棟マンション以外の事例も見てみましょう。

再び、楽待のトップページの検索より、「物件種別」の中の「戸建賃貸」と「区分マンション」にチェックを入れ、それだけで検索してみます。

全部で2万件近い物件がヒットしましたが、「並び替え」を「価格の安い順」にすると、先ほどと同じ2015年7月7日13時の時点では、茨城県の58万円の物件を最安値に、100万円を切るものがズラッと並びました。

東京の一棟マンションの販売事例とは大きく異なり（「東京都」「一棟マンション」で検索した際の最安物件は1560万円でした）、地方・郊外の戸建やワンルームなどの中には、数十万円で購入できるものまで存在することが分かります。

このように、不動産投資のポータルサイトは、勉強をするにも下調べをするにも情報の宝庫であるのは間違いありません。

ただし、1つ気をつけてほしいのは、**いきなり物件の「問い合わせ」ボタンをクリックして、飛びつくのは控えたほうが無難**だということです。

次項で紹介する、不動産投資セミナーや個別相談といった段階を経て、情報の取捨選択ができる目を養うまでは、まずは参考程度にウェブサイトを眺めてみるのがよいでしょう。

ちなみに、現在は不動産市況の盛り上がりもあって、一昔前に書かれた不動産投資成功体験本に出てくるような「都心立地の高利回り物件」のような案件がウェブ上に登場することは滅多にありません。

だからこそ、ウェブサイトだけに頼るのではなく、**水面下の情報を教えてくれる、信頼できるパートナーを見つけることが重要**なのです。

**A：情報の宝庫なので、相場観などを養うのにウェブサイトは最適です。ただし、情報の取捨選択ができる目を養う前に「問い合わせ」をするのはお勧めできません。また、ウェブサイトには出てこない情報を教えてくれる、信頼できるパートナーを見つけることも重要です。**

## Q19：不動産投資セミナーにもいろいろあるけど、良いセミナー・悪いセミナーはどう見分ければいい？

意識していなければあまり気づかないかもしれませんが、実は、日本各地で毎週のように、「一棟RCマンション経営セミナー」「少ない資金で始める中古マンションセミナー」「0円からの不動産投資」などといった不動産投資セミナーが多々開催されています。

ちなみに、前項で紹介した「楽待」や「健美家」などの投資用不動産ポータルサイトは、セミナーを探すのにも便利です（「楽待　不動産投資セミナー【http://www.rakumachi.jp/info_seminar/】」「健美家不動産投資セミナー情報【http://www.kenbiya.com/semilist】」）。

さて、先の例のように、「不動産投資セミナー」はタイトルからして言っていることがマチマチで、余計に不動産投資ってよく分からない！　と頭を抱えてしまいそうですが、不動産投資の初心者の方は、あまり難しく考えず、**「いくつかの」セミナーに参加してみることをお勧めします**。

というのも、不動産投資セミナーは、まれに「開催者の力不足のせいで大ハズレ」のようなものもありますが、基本的には参加者の知りたい、あるいは興味のある内容と合致していたかどうかが良し悪しの判断基準になるからです。

そういう意味では、絶対的に「良い」、または「悪い」セミナーというのはありません。そのため、まずは複数のセミナーに参加してみて、自分が求めているものかどうかを考えながら話を聞いてみるべきなのです。

ただし、本当の初心者の方は、どんなセミナーに行けばいいのかの判断が難しいと思いますので、ここでは、(自分にとって) 当たりのセミナーを探すための方法をお教えします。

まずは、自分の興味をひかれるタイトルのセミナーを見つけてみてください。見つかったら、今度はセミナーを開催する会社や講師の名前をウェブで検索。そうすれば大抵、開催者の奨励する不動産投資の方向性を知ることができるので、自分が求めている内容かどうかを判断しやすくなります。

一見、セミナーのタイトルが「不動産投資全般」の内容に見えても、「基本的には区分マンションしか扱わない会社」、あるいは、「一棟物件全般」の内容に見えても実は、「自社の新築がメインの会社」なども少なくありません。

したがって、**「事前ウェブ検索」で相手の背景をあらかじめ知っておくことで、「この会社はこの方向に持っていこうとするんだろうな」などという心の準備ができます。**

ちなみに、不動産投資セミナーを開催している営業サイドの目線でお話しすると、セミナーのタイトルは、自分たちのターゲットとする顧客を集めるための「大まかな絞り込み」をするためのものであり、「撒き餌」でもあります。

つまり、セミナーを開催する会社が勧めるものが、一棟マンション・一棟アパートなのか、区分マンションなのか、あるいは両方を扱う業者なのかによってタイトルやセミナーの売り文句が変わるということです。「絶対に一棟物件から始めたい」とか、「区分マンションしか考えられない」などと考えているお客様を無理に自分たちの土俵に上げるよりも、初めから方向性の合っているお客様にアプローチしたほうが成約しやすいのは当然ですからね。

一方、セミナーの講師ですが、こちらは、名の知れた不動産投資家などの外部講師を招待して行うこともありますが、ほとんどの場合は不動産業者の代表者や営業担当者が行います。ですので、基本的には、やはりセミナーを開催する会社の方向性に沿った内容になると考えてもらって構いません。

さて、私は投資用不動産の営業マンですが、アパートオーナーでもあるため、過去に複数の不動産投資セミナーに参加したことがあります。

ただ、正直に言えば、「これは凄い！　本当に来てよかった！」と思うほどのセミナーはありませんでした。

会社ごと、話し手ごとに特色はあるものの、複数のセミナーに参加してみれば、いくつかのパターンの、ほぼ同じ内容であることが分かります。そこに、その時々の市況や時代背景を盛り込み、自分たちの得意分野とする商品（新築、中古、一棟、区分など）につなげるための内容になっています。

それでも、不動産投資セミナーへの参加を私があえてお勧めするのは、**営業担当者に直接会って話を聞くことができる**からです。

実のところ、セミナー自体は「導入」に過ぎず、中身は当たり障りのない内容で終始することが少なくありません。

**本当に活用すべきは、大抵のセミナー終了後に行われる「個別相談」のほうなのです**（ほとんどのセミナーで「個別相談」はセットですが、「懇親会」や「相談会」などと記載されていたりもします。よく分からないときは、直接主催者に問い合わせてみるとよいでしょう）。

ここで、自分が気になっていることや分からないことを営業担当者に聞いてみてください。そして、分かりやすく丁寧な説明をしてもらえるようであれば、有意義なセミナーだと言えるでしょう。

なお、個別相談時には年収や勤め先、家族構成など詳細な個人情報を伝える必要があります（セミナー自体には、名前と連絡先程度の情報提供で参加できます）。そのため、個人情報の流出を気にするお客様もいますが、営業サイドからすれば、お客様のポテンシャルを把握しておかなければ、適切な提案ができないものなのです。

実際、何も教えてくれないお客様とは話が展開しづらく、また、よい物件情報があったとしても、そのようなお客様には積極的に紹介したくはありません。

これは不動産投資に限ったことではありませんが、相手からの信頼・情報提供・コンサルティングを得るために個人情報を提供するリスクを負うことは、仕方がないことだとも言えます。

もちろん、ベネッセの個人情報流出事件のようなことが絶対に起きないとは限りませんが、あまりにもそうしたことを警戒し過ぎると、よい物件情報は手に入りにくくなってしまうということは頭に置いておいてください。

さて、最後になりましたが、あからさまにヤバいタイプのセミナーを紹介しておきます。

それが、**「絶対に他のジャンルの不動産投資と比較させないようにする」セミナー**です。

全部ではありませんが、「新築の区分ワンルーム」や「土地からのアパート新築」などがテーマのセミナーでは､その傾向があるようです。これらの物件は、中古物件と比較されてしまうと利回りやキャッシュフローで話にならないケースが多いため、株式投資や外債など、他の投資商品との比較ばかりに終始し、同じ「不動産投資の枠内」で比較させないよう仕向けるのです。

こうしたセミナーは、残念ながら「ハズレ」である可能性が高いため、早々に帰ってしまうのも一手でしょう。

A：絶対的に「良い」、または「悪い」セミナーというのはないため、自分の興味や知りたいことと合致するセミナーを見つけるべく、複数のセミナーに参加して、直接営業担当者と話せる「個別相談」を大いに活用してください。
ただし、「他のジャンルの不動産投資と比較させないようにする」セミナーは要注意。

## Q20：不動産投資を始めるにあたって身につけておきたい習慣がある？

不動産投資にあたり、物件情報そのものは、信頼できる不動産業者や投資用不動産のポータルサイトの活用がセオリーですが、投資を組み立てるには、それ以外の情報も必要になってきます。

特に、不動産投資は融資と密接な関係があり、経済・金融情勢の影響を受けるため、臨むにあたっては、それらのニュースも押さえておきたいところです。

ここでは、見ておいて損のないニュースソースを挙げておきます。

「日経新聞（電子版【http://www.nikkei.com/】）」
「ロイター（http://jp.reuters.com/）」
「東洋経済オンライン（http://toyokeizai.net/）」
「楽待 不動産投資新聞（http://www.rakumachi.jp/news/）」
「ケンプラッツ 日経不動産マーケット情報（http://nfm.nikkeibp.co.jp/）」

もちろん、全部を全部詳しく見る必要はなく、ざっと目を通しておく程度で十分です。まずはネットサーフィンのついでに1つ、2つ、これらのサイトを見る習慣をつけましょう。

**日頃から経済の時事ネタに興味を持ち、自分の予想や考え方を持っておくことで、いざ物件の購入や売却を検討する際などの、投資判断の軸を自然と醸成していくための作業**だと考えてください。

大筋としては、とりあえず日経のトピックスだけでも目を通し、ロイターの「マネー」や、東洋経済オンラインの「経済・政治」で、一歩踏み込んだ日銀の動向や先行きの雰囲気を感じてください。余裕があれば、海外情勢も簡単には見ておきたいところ。

また、日経不動産マーケット情報で大きな開発やテナントの移転などの最新情報を見たり、楽待のコラムや不動産投資新聞、あるいは個人の大家さんのブログなどを眺めて、流行りのリフォーム手法や投資の考え方などを知るのも勉強になります。

要するに、不動産投資を始めるにあたっては、**経済・金融・不動産に関する情報について、広く浅く、適度にアンテナを張っておくことが大事**だということです。

**A：普段から、経済・金融・不動産関連の情報を広く浅くざっと目を通す習慣をつけることで、自分の投資判断の軸ができていきます。**

# 第3章
# 不動産投資物件にはどんなものがある？

## Q21：一棟モノ、区分不動産、新築、中古、都心、郊外……いろいろあるけど、どんな物件を選ぶべき？

結論から言ってしまえば**「人によりけり」**です。

空室リスクや流動性のみに注目すれば、「都心部の新築もしくは築浅一棟ＲＣ」は、とても理想的ですが、あくまで投資なので一番重要なのは「本当にリターンを得ることができるのか」です。

原則的には、投資規模が大きいほど、そこから得られるリターンも大きくなります。購入が可能であれば、一棟物件（アパート・マンション）から始めた方が拡大するスピードは早いでしょう。

資金面や融資の面から考えて、いきなり大型の物件が難しいのであれば、中古戸建や区分マンションへの投資という手立てもあります。

不動産投資は、一棟マンションなど、大規模な物件を必ず入手しなくてはならないというものではありません。小型物件の積み上げや売却がとてもうまく進み、その成功体験から絶対的な自信を持てるのであれば、そこに注力していくのも良いでしょう。

各々の物件の特徴については、本章の次項以降で詳細を解説していきます。物件の種別に加え、都心部・郊外、新築・中古……選択肢は多々ありますので、自分に合ったものからスタートしましょう。

**Ａ：大規模な物件の運営だけが不動産投資ではありません。極めて多様な物件がありますので、自分の資金や目的に合ったものを探してスタートしてください。**

## Q22：「一棟モノ」と「区分不動産」それぞれの特徴とは？

ここでは「一棟モノ」（アパート・マンション）と「区分不動産（マンションの一室など）」の特徴と、保有するメリット、デメリットを挙げていきましょう。

まずは「一棟モノ」からです。

### ●一棟アパート・一棟マンションのメリット

【投資面】：投資規模が大きくなるので、賃料収入も多くなります。

【融資面】：土地と建物の資産価値があるため、積算評価に伴って融資を利用しやすいです。また、積算評価と売買価格の乖離が小さければ、与信を傷つけずに借入れができます。

【運営面】：空室リスクの分散。複数の住戸があることで、一棟の場合空室リスクを分散できます。また、建物全体を所有するため、オーナーの裁量が大きく、自由に建物の名称変更やリフォーム工事をできます。

【資産面】：担保価値が高く、土地が残ります。また、建物の建替えや土地としての活用など、バリューアップの幅が広いです。

### ●一棟アパート・一棟マンションのデメリット

【投資面】：投資する価格帯が大きくなります。小ぶりなアパートでも2000～3000万円前後からというのが相場です。

【運営面】：運営コストが大きくなります。また、建物全体について責任を負わなければなりません。屋根や屋上、外壁、共用廊下、集合ポストなどの修繕についても、オーナーが適時実施する必要があります。さらに、共用部分の電気、清掃用の共用水栓、消防点検、浄化槽点検などのコストもオーナーの負担。

【出口（売却）面】：購入できる人が限られるため、区分ワンルームなどよりは流動性が低くなります。

この他、一棟モノの場合は複数戸を運営するため、世帯数が1つしかない区分ワンルームや戸建投資とは異なり、不動産からの収入がいきなりゼロにはなりにくいのも明確なメリットだと言えるでしょう（ただし、これについては区分不動産を複数保有することでも代替できますが）。

建物全体が自分のものになるため、共用部を含めたリフォームや建物の名称の変更などが可能です。このように**自由度が高い反面、建物全体の運営・修繕コストも直接オーナーの負担となるのが最大の特徴**だといえます。また、建物の維持管理コストについては、区分所有建物であれば毎月「管理費・修繕積立金」として強制的に徴収されてしまうものですが、一棟モノは修繕の時期や金額、「やる・やらない」などについて、オーナーの裁量で決められる点がメリットと言えます。

さらに、大災害などで建物の倒壊などがあったとしても最悪土地が残る――この考え方は、金融機関を含め、誰しもが持っているため、資産として見た際に「土地値」の下限を設けることができます。

続いて、「区分不動産」の特徴と、保有するメリット、デメリットです。

ちなみに、区分不動産には、元々投資用として建築された「区分ワンルーム」タイプと、実需向けの「区分ファミリー」タイプがあります。

**●区分不動産のメリット**

【投資面】：小さい金額から投資が始められます（融資が組めなくてもOK）。また、失敗した時のリスクもさほど大きくありません。

【運営面】：建物自体の管理は管理組合がやってくれるため、ランニングコストの見通しが立てやすいです。

【出口（売却）面】：売却・換金しやすい、つまり流動性が高いです。

**●区分不動産のデメリット**

【投資面】：投資規模が小さいのでリターンも小さく、大きくは儲かりにくいです。

【運営面】：管理・修繕積立金が毎月の固定費となり、これが意外とバカになりません。空室リスクも高い（区分を1つだけ保有していて空室になれば収入はゼロ）ため、退去があった際には収入がないまま前記固定費が出ていくことになります。また、オーナーの裁量の範囲は大きくありません。共用部は勝手にいじることができず、自分の思うようにできるのは室内のみ。建替えが現実的に可能かも見えにくいです。

【資産面】：土地の持ち分が少なく、実質的には土地と切り売りできないため担保価値が低いです。また、このことに伴い、窓口となる金融機関が少数派なので、融資を受けにくいです。

少額の現金で中古の区分ワンルームを購入するのであれば、リスクを抑制しつつ安心して不動産投資に取り組むことができます。

よって、**小さな物件からやりたいと考える初心者や、資金余力の少ない方が実績と経験作りとして「試しにやってみる」には適している**と言えるでしょう（ただし新築区分ワンルームは除きます）。

一棟物件と比較すると、購入のハードルは低いため、特に、都心部や郊外でもターミナル駅の至近などといった立地に優位性のあるマンションであれば、築年数が経過しても、比較的流動性は確保されている傾向です。

また、区分でもファミリータイプは投資規模とキャピタルゲインが大きくなる傾向があります。とりわけ、すでに賃貸中となっているOC（オーナーチェンジ）物件は、利回り（収益還元評価）での販売となるため、実需用の空室と価格の乖離が発生しているケースが少なくありません。

区分不動産投資は、建物全体の運営・修繕について（自主管理を除いて）管理組合の委託した管理会社がやってくれるため、オーナー本人は室内のみに注力すればよく、楽ではあります。反面、そのコストが「管理費・修繕積立金」として、入居の有無にかかわらず、毎月強制徴収されてしまうのが一棟モノと大きく異なるポイントです。

**A：「一棟モノ」は、自由度が高い反面、建物全体の運営・修繕コストも直接オーナーの負担となるのが最大の特徴です。一方「区分不動産」は投資規模が小さいため「試しにやってみる」には適していますが、そのぶん大きくは儲かりにくい投資です。**

## Q23：「新築物件」と「中古物件」それぞれの特徴とは？

ここでは、「新築物件」と「中古物件」の比較を見ていきましょう。
まずは「新築」からです。

●**新築物件のメリット**

【融資面】：30年超等、超長期の融資がつきやすく、年間返済額を低く抑えることができるため、キャッシュフローが良くなる傾向があります。

【賃貸面】：リーシングしやすく、また、新築時は高い賃料設定での入居づけが可能。賃料保証やサブリースが付与されたものなども多いです。

【運営面】：建物設備・大規模修繕等のメンテナンスが当面の間かかりません（修繕費用が低いです）。

●**新築物件のデメリット**

【投資面】：物件価格が高く、利回りが低いため、中古物件と比較すると収支効率が悪いです。

【賃貸面】：入居者の入れ替わるタイミング（2～3回目）において、賃料の下げ幅が大きくなります。また、入居者が確定する前の賃料はあくまで想定（新築の場合は初めて貸すため）であるため、予定している賃料で成約できない可能性もあります。

【資産面】：建物価格の減価幅が大きいため、資産価値としては下落しやすいです。

新築物件は、融資面では有利です。

通常、金融機関は建物を法定耐用年数から経過した築年数を差し引いた残存期間を元に、融資期間を検討します。新築は当然建物がピカピカですから、金融機関の選択肢も多く、長期かつ低金利で融資を利用でき、毎月のキャッシュフローはよくなります。

加えて、賃貸市場でも新築と中古のお部屋が並んでいた際には、多少高めでも新築の人気は強いものです。

また、建物の全体的なメンテナンスコストが当面不要であることは、新築の大きなメリットです。現在は「品確法（住宅の品質確保の促進等に関する法律）」もあるので、新築後10年間は建物面に大きな不具合があっても保証されます。

このように、埋まりやすく（貸しやすく）、お金がかからず、安く借りられる新築ですが、100点満点ではありません。

**ポイントは「賃料の下落リスク」と「建物価値の下落リスク」**です。賃貸市場において新築から中古になったとき、つまり、入居者の入れ替えが発生して2回目や3回目の募集になった際に、賃料が下がることを前提に考えておく必要があります。

また、特に木造建築は、築年数の経過に伴い、建物の価値の下落と法定耐用年数の減少が顕著です。

賃料の低減幅、建物の資産価値の下落幅共に新築物件が一番大きいため、マーケットが上昇局面でない限り、基本的に売却価格が下落することは難点と言えるでしょう。

そのため、木造一棟アパートを新築で購入した場合などは、５年ほどでの再販売を狙ってみるのも１つの手でしょう。

ＲＣや鉄骨造であれば、もう少し長く見ても構いませんが、木造でもこの時期であれば、法定耐用年数の残存があり、次の購入者から見ても、築浅中古一棟物件として融資が利用しやすい状態。加えて、売主側からみても長期譲渡（保有期間５年超の場合）となるため、キャピタルゲインに対する税率も抑制されます。

また、建物自体もまだこの段階では大きな手入れをしなくても見栄えがするので、そのときの新築相場（投資用新築案件の利回り）より少し低い程度（中古としては利回りが高い）での売却を想定できます。

一方、新築物件を長期で保有しようと考える場合は、保有期間中のキャッシュフローと売却時のキャピタルロスとのバランスが本当に取れるのか、あるいは、ずっと保有する（売却を想定しない）のかを、購入の時点でしっかりと考慮しておく必要があります。

なお、同じ新築でも、**「新築の区分ワンルーム」などは購入当初から手残りも少ないため、個人的にはお勧めしません**。年間で数万円程度しか利益が出ないようであれば、相当なキャピタルゲインが望める場合を除いて、そのような投資には着手しないほうが無難です。

続いて、「中古物件」の特徴などについて見ていきましょう。

**●中古物件のメリット**

【投資面】：新築と比べると、物件価格が安く、利回りが高いため収支効率がよいです。
【賃貸面】：実際に入居している賃料を把握できるため、リーシングの予想がしやすいです。
【出口（売却）面】：中古のマーケット相場で購入した場合は、売却時にも近似ラインの価格帯で売却できる可能性が高い（大きなキャピタルロスが発生しにくい）です。

**●中古物件のデメリット**

【融資面】：一般的に長期融資がつきにくく、年間返済額が多くなるので、キャッシュフローが低下する傾向があります。
【賃貸面】：類似条件の物件が並んだ際には、新築・築浅物件よりも賃料が低いです。また、間取り、設備、仕様が陳腐化している場合には、入居者の人気が低くなりリーシングしにくくなります。
【運営面】：メンテナンスや維持修繕について、コストがかかる傾向があります。

**すでに運営されている賃貸不動産を購入する中古不動産投資は、「物件そのもの」を見て購入是非の判断をすることができる**ところが特徴です。

また、現況における空室や補修が必要な箇所の問題についても、可能性だけではなく、顕在化したものが判断材料となります。さらに賃料収入についても、入居中の物件であれば、シミュレーションする際にブレが少なくなるのも利点です。

さて、資産として土地・建物の内訳を見てみると、日本の場合、建物については築年数の経過に伴い一方的に減価していきますが、土地の価値には硬直性があります。よって、ある程度土地の実勢価格に近いところで中古の一棟アパートや戸建などを購入できるのであれば、キャピタルロスを抑制できるため、極めて安全性の高い投資といえます。

すでに述べた通り、一般的には、建物の築年数が経過しているほど融資期間は短くなり、修繕費用も膨らむ傾向です。

そのため、中古物件で不動産投資を始める場合は、「融資期間の融通が利く金融機関を絡める」「修繕の発生に耐えられるよう資金を確保しておく」必要はあります。

しかしながら、この2点がクリアできれば、新築と比べて高い利回りを目指せるため、**「資産の目減りをさせずに、キャッシュフローを積み立てていく」という投資スタンスを取ることができます**。

A：「新築物件」は超長期の融資がつきやすく、高めの賃料でリーシングがしやすいなどの長所がありますが、長期で保有する場合には大きなキャピタルロスが生じる可能性があるため、購入時点でじっくり出口戦略を立てておく必要があります。
「中古物件」は「物件そのもの」を見て購入でき、さらに賃料のシミュレーションもしやすい点が長所です。ただし、購入時には「融資期間の融通の利く金融機関を絡める」「修繕の発生に耐えられるよう資金を確保しておく」必要があります。

## Q24：「都心の物件」と「郊外・地方の物件」それぞれの特徴とは？

不動産投資において、よく比較される「都心（大都市部）」と「郊外（地方）」、それぞれの特徴などについて解説したいと思います。まずは、「都心の物件」で行う不動産投資の特徴です。

### ●都心の物件のメリット

【賃貸面】：高い賃料が望め、稼働率が高く、空室リスクは低いです。また、賃料の下落リスクは低く、人口減少の可能性が低いため、いつの時代でもリーシングが容易です。

【運営面】　建物の設備が若干古くても、立地面でカバーできます。また、賃料相場の下限ラインが郊外・地方よりも高いです。さらに、建物面積に対する賃料が高いため、維持修繕のコストは抑え目で済みます（小さくて維持修繕費がさほどかからない物件でも賃料が高いため収入が見込めるということです）。

【出口（売却）面】：流動性は高いです。

### ●都心の物件のデメリット

【賃貸面】：室内設備などの改善の効果が小さいです。

【資産面】：物件価格が高いため、始めるための費用（イニシャルコスト）が高くなります。また、積算評価と実勢価格との乖離が大きい傾向があります。

【収益面】：固定資産税・都市計画税などの維持費が高め。物件価格は高くなるため、利回りは低くなる傾向です。

**「高いけれども、リスクは低め」**というのが都心部における不動産投資の一番の特徴です。

都心部のメリットは、リーシング面の容易さと資産価値の保持性です。何より強い賃貸需要があるため、郊外よりも一段高い賃料を狙うことができ、空室期間も少なくなります。また、日本では都心部への人口流入は今後も継続する見込みであるため、長期的な保有にも向いているでしょう。

さらに、そもそも物件価格が高額である反面、築後35～40年などの物件でもそれなりの金額で売買が成立します。当然建物の減価はありますが、不動産全体で見た場合には、郊外・地方の物件よりも価格の硬直性はあると言えます。

都心部の物件は、価値の騰落率の高いエリアであるため、上昇局面においては資産価値が大きく膨らむこともあります。高値でつかむと下がり方も大きいものの、下降局面でも、地方・郊外より一段上の価値がキープされます。

また、実際の取引価格（実勢価格）と、相続税路線価などの評価との乖離が大きくなる傾向があり、積算評価に重点を置く金融機関では、融資金額が伸びないケースも少なくありません。つまり、都心の物件は、積算評価が実勢価格よりも相当低く見積もられる傾向があるのです。

このため、始めるにあたり自己資金が多く必要になる傾向がある反面、相続対策として、現金を持つ人が都心部の物件を相場で購入するというのはセオリーとなっています（相続評価が現金よりも不動産のほうが低いからです）。

そして、都心には強い賃貸需要がある一方で、賃貸物件の供給戸数も多いので、賃貸顧客獲得のための競争も激しくなっています。こうした背景から、建物の設備面のグレードアップ（モニター付インターホンやウォシュレットの設置など）を図っても、ライバル物件が多いゆえ、埋もれてしまうことが少なくありません。

続いて、「郊外・地方の物件」の特徴などについて見ていきましょう。

**●郊外・地方の物件のメリット**

【投資面】：物件価格が安いため、利回りは高いです。また、立地にもよりますが、積算評価と売買価格が近い傾向にあり融資が組み立てやすいです。

【賃貸面】：競合が少ないので、室内設備などの改善の効果が大きいです。

**●郊外・地方の物件のデメリット**

【賃貸面】：賃料が低く、稼働率も低く、賃料下落リスクが高い傾向があります。また、将来的には人口減少の可能性が高いです。

【運営面】：建物面積に対する賃料が低いため、修繕コストが大きくなる傾向があります。

【資産面】：物件価格が上昇しにくく、売買の機会は少ないです。また、流動性も低いです。

まとめてしまえば、**「安いけれども、リスクは高め」**。当然と言えば当然ですが、都心の物件の真逆ですね。

郊外や地方で投資用不動産を持つメリットは、物件の積算評価が高くなることと、利回りが高いことです。

金融機関の積算評価は、土地・建物の大きさから算出されますが、土地の係数については路線価が重視されます。

そして、都心部から離れれば離れるほど、実勢価格と路線価などの評価額との乖離が小さくなる傾向があるため、積算評価を重視する金融機関では、「物件価格と積算評価が近い＝融資しやすい」という構図になるのです。

また、都心部と比較して物件価格は安いので、（見かけ上の）利回りは高くなります。このように、表面利回りが高く、融資を組みやすいという点を考えると、「自己資金を極力使わずリターンを得たい人」にとっては向いている投資だと言えるでしょう。

また、都心部ほど物件数が多くないため、「アクセントクロス」や「イケアの家具導入」など、定番の設備改善程度でも、効果が見込めます。実際、間取り・設備・壁紙などについて、「建築当初から同じ仕様のものをただ新しくするだけ」という昔ながらの地主大家さんも少なくないのです。

一方、デメリットは賃貸需要の低さに尽きます。そもそもの人口が都心部よりも少ないため、賃貸物件の供給量と賃貸入居者（予備軍）の需要、すなわち**「ハコ」と「ヒト」とのバランスが崩壊している**

**地域も少なくありません**。

そして、需要が少なければ→空室が増え（稼働率が下がり）→埋めるために賃料を下げるという分かりやすい悪循環に陥るパターンもよくあるのです。

また、資産的に見ると、不動産相場の上昇があった際でも、その恩恵による上昇余地は都心の物件よりも小さくなります。

売買の観点からも、都心部の根強い人気と比べ、地方・郊外エリアにおいては顧客数が減るため、物件購入の際のハードルは都心部より低いものの、売却時にはなかなか買い手がつかないケースも珍しくありません。流動性は決して高くないということです。

また、郊外エリアの物件の特徴として、ファミリータイプのものでもワンルームでも、物件の価格に対して戸数が多くなる傾向があります。土地だけではなく建物の規模も大きくなることで、積算評価が高くなり、対金融機関の見栄えは良くなります。

とはいえ、建物の修繕コストは平米単価でかかってくるため、規模が大きくなれば、それに伴い膨らみます。

同じ5万円の賃料を得るのに、都心部では15平米のワンルームでよいものが、郊外エリアでは50平米の2LDKであるような例も珍しくないところ。

程度にもよりますが、ワンルームの原状回復（入居者を募集できる状態にする）工事であれば10万円前後で賄うことができるのに対し、2LDKなどファミリータイプの間取りであれば35〜50万円前後まで簡単に増えていきます。加えて、屋上防水や外構工事についても、広さに比例するのは言うまでもありません。

賃借人の入退去の頻度の違いは考慮しなければなりませんが、それでもやはり、得られる賃料と修繕コストとのバランスにおいては、都心の物件よりも郊外・地方物件のほうが「割を食う」傾向です。

ただし、郊外や地方エリアにおいても、大学や大規模工場、大規模商業施設があるなど、特定の強力な賃貸需要がある際には、戦えるような賃貸物件も十分に存在します。

A：「都心の物件」は、価格は高いですが、保有するリスクは低い傾向にあります。そのため、十分な資産がある方にはお勧めの投資と言えるでしょう。

一方「郊外・地方の物件」は積算評価を重視する金融機関の融資がつきやすいため、「自己資金を極力使わずリターンを得たい人」には向いているでしょう。ただし、賃貸需要が都心よりもかなり低く修繕費用も大きくなるので、リスクは大きくなります。

## Q25：不動産投資における「特殊な物件」の特徴とは？

ここまでは、「一棟モノ」と「区分不動産」、「新築物件」と「中古物件」、「都心の物件」と「郊外・地方の物件」という比較をしてきましたが、いずれにしても「普通の」投資用不動産物件を対象に話を進めてきました。

そしてこの項では、少し「特殊な」投資用不動産について、いくつかのケースを紹介したいと思います。

正直、ここで紹介するような物件は初心者にはあまり向かないかな……とも思うのですが、「掘り出し物」がゼロというわけではもちろんありませんので、参考程度に読み進めてください。

**①賃貸併用住宅**

これは、1つの建物の中に、入居者に貸す「賃貸部分」と、大家さんの住む「オーナー住居」とが混在する物件です。

1つの建物の中に「ワンルームタイプの間取りが4世帯（賃貸部分）」と、「3LDKが1世帯（オーナー住居）」があるアパートなどがイメージしやすいでしょうか。

賃貸併用住宅のいいところは、金融機関の要件（自己居住用エリアが総面積の半分以上というケースが多い）を満たすと、**「住宅ローン」で融資が引っ張れる**ということろです。

一般的に、投資用のアパートローン金利は2％前後から高ければ4・5％超など、銀行も結構持っていきます。それに対して、住宅ローンは現在「優遇」という名の割引適用で1％を切って0・675％程度が当たり前。

これだけ聞くと、「おお、絶対賃貸併用だ！」となってしまいそうですが、世の中、そんなにうまい話はありません。当然ながら賃貸併用住宅ならではのデメリットもあるのです。

例えば、「満室想定賃料9％（利回り）」という物件があったとしても、オーナールームがその2分の1以上のウエイトを占めていると、実際に賃貸として稼働できるのは約半分。満室想定賃料が4・5％であれば、都内の新築一棟物件のほうがまだ表面利回りは高いかもしれません。

また、賃貸併用住宅は「モノの少なさ」と「価格帯の微妙さ」も問題です。

というのも、賃貸併用住宅は、自分が実際に住むという前提で探さなければなりませんが、人が家を買う場合には、「実家までの距離」「職場までの距離」「子どもの通学の問題」……など、多くの制約が発生します。

しかし、賃貸併用住宅は投資用物件でもあるので、利回り面と資産性、何よりも空室リスクの抑制という観点も必要になります。

そして、このように実需と投資の両面を満たせる賃貸併用住宅を探し出すと、**そもそも「買う対象が出てこない」**ことも少なくないのです。

加えて、賃貸併用住宅として中古で流通する物件の大半は、「かなり大きい」傾向があります。賃貸用部分と自分が住む部分がくっついているので、当たり前といえば当たり前ですが、かなりのブルジョアな方々が広い敷地にドーンと建てているケースが多く、億ションに近い価格帯になっていることも少なくないため、高過ぎて手が出ないということがよくあります。

賃貸併用住宅は、ある意味「住宅ローンを賃借人が返してくれる」という側面もあるので、一から安く建てることが出来たり、住む場所に全くこだわりがない人にはアリですが、私がお客様に、「賃貸併用住宅ってどうですか?」と聞かれたときには、「うーん、ハマるのがあればいいんじゃないでしょうか……」という程度の回答になってしまいます。

ちなみに、「住宅ローンでお金を借りて、オーナールームも全部賃貸にしちゃえばいいじゃん!」というズルは誰しもが考えることですが、これを実際にやることはなかなかリスキーです。

なぜなら、「融資した資金が異なる用途で使われている」これは金融機関にとって、大変な問題となります。すぐさまの一括返済を求められる可能性もありますし、信頼も失うため、その後の不動産投資の支障にもなりかねません。

## ②再建築不可物件・競売物件

この2つに共通するポイントは、**「高いリスクを許容できるか」**ということです。

まず、「再建築不可物件」ですが、これはごく簡単に言うと、現に存在する建物を解体した場合、新たに建てることができない物件のことです。業者により「一切建築不可」の場合だけでなく、「同規模のものが建たない(減築なら可能)」場合も含んでいることがあり、これによって土地の価値は大きく異なります。

また、隣地を取得できた際には建築できるのか、何をどうすれば改善できるのかといった、**様々な可**

**能性を含めたベストシナリオを模索する必要がある一方、「再建築の可能性は皆無」というワーストシナリオも検討しておかなければなりません。**

さらに、再建築不可物件の購入にあたっては、金融機関の融資は難しくなるため、自己資金で賄うとして、どれくらいまでなら可能なのか、表面利回りで何％位あれば自分は手を出すのかを考える必要があります。

ただ極論ですが、再建築不可の手頃な戸建物件があったとして、利回り40％であれば、ざっくり計算して、２年半で「元が取れる」ことになります。

そのため、そもそも再建築不可物件は検討しないという人もいますが、中には、「元を取ったうえで建物が朽ちるまで延々と賃貸を続ける」あるいは、「隣地を取得して再建築可能な土地としての出口を模索する」といった作戦を練り、再建築不可物件の掘り出し物を探す人もいます

続いて「競売物件」です。普通、不動産の購入と言えば、営業担当者が「良い眺めですね～」とか「この日当たりいかがでしょう?」とか言いながら室内を案内するイメージが強いものですが、**競売物件の場合には、購入前に現物の室内を見ることはできません。**紙の資料（「物件明細書」「評価書」「現況調査報告書（写真入り）」の俗に言う3点セット）のみでの判断となります。

また、写真も全てが網羅されたものではないため、実際には設備の傷み具合が酷かったり、大きく邪魔な家具が残されていたりするなど、いざ取得して蓋を開けたら修繕・撤去費用がかさんでしまって大変だった……などという話は少なくありません。また、**購入物件に不具合があった場合でも、一切アフ**

**ターサービスがない**点にも注意が必要です。

近頃は一般の方でも入札がしやすくなったこともあって、ルームクリーニングだけで簡単に賃貸物件として稼動するような「競売物件」は、マーケット相場と変わらない価格で落札されています。

相場より安く購入しようとすれば、大量の残置物や複雑な権利関係など、一癖も二癖ある物件に当たることが多いので、その改善に対して資金的・時間的余力が見合うのか検討する必要があります。

いずれにしても、極端に高い利回りを求める（＝安く買う）ことを追求していくと、再建築不可物件や競売物件など、特殊な要件を含む物件に目が行きがちですが、当然ながら、比例してリスクも上昇します。

そのリスクが「飲みこめる度合い」によって、購入是非の判断を下すべきです。

### ③事務所・店舗物件

事務所や店舗など、いわゆる「テナント物件」を対象とした不動産投資は、**端的に言えば「プロ向け」であり、「初めての不動産投資」には向いていません**。

テナント物件の主な投資対象としては、以下のようなものがあります。

・一棟オフィスビル――全体がオフィスの物件。店舗と混在や、1つのテナントが全体を借りていることもあります。1フロア1テナントの小ぶりなものから、「〇〇ヒルズ」のような大規模オフィスビルもこれに該当します。

・一棟商業店舗ビル――駅前立地などの店舗ビルです。一棟の各フロアに居酒屋チェーンが入っていたり、カラオケ業者が一棟を借りているパターンなどがあります。

・ソシアルビル――スナックなどの小規模な飲食店が混在するビルです。風俗関係など、若干いかがわしい雰囲気のテナントが入っていることも多く、ハイリスク、ハイリターンな傾向で、融資はつきづらいです。

・区分店舗・区分オフィス――分譲マンションの1階部分など、区分登記のテナント物件です。

これらビル・テナント物件の融資については、パッケージ化されたアパートローンが適用されないことが多いため、オーダーメイド型のプロパーローンとなります。それゆえ、不動産投資の実績がある人のほうが、金融機関の検討対象になりやすい傾向です（初心者は不利です）。

さて、事務所・店舗物件への投資は「プロ向け」だと先に書きましたが、その理由の1つとして、テナントの賃料交渉が挙げられます。

新規の募集に際しても、募集金額よりも大幅な交渉が入ることは日常茶飯事です。さらには、入居中のテナントでさえも、売買が行われ、オーナー（大家さん）が変わった際に、「チャンスだ！」と修繕や家賃の値下げ要求をしてくることも少なくありません。

また、ビルを投資対象として検討する際に重視すべきは賃貸需要と立地ですが、居住用の賃貸物件よりも格段にシビアに見る必要があります。

２０１５年7月現在、アベノミクスの効果もあって、以前に比べれば都心部のオフィス空室率は改善されつつありますが、長期的に賃貸需要が減少していたため、まだ空きオフィスがたくさんある状態です。しかも、住居タイプの物件と比較すると、一度空室が発生した際には長期化しやすい傾向です。

さらに、ビル投資には、一棟マンション投資とは大きく異なるポイントがあります。

住居タイプの一棟マンション・アパートについては、駅距離・築年数・間取り（居室の設備面）などで収益面を予測することができます。対して、一棟ビルについては、**「通り一本」異なるだけで、リーシングの成否が大きく変わってきます**。立地による「視認性」（外を歩いている人から見えやすいかどうか）が問われることも特異な点でしょう。

駅からのアクセスの良さのみならず、店舗であれば、いかに見つけやすい看板であるか、共用部や外観のグレードが入居してもらいたいテナントの需要を満たすことができるのか……など、要素が非常に多いのです。

加えて、既存テナントの業態・企業規模、廊下・エレベーター・トイレなどの共用部をしっかりと確認する必要があります。

また、修繕に際しては、住居タイプが壁紙や水回り（キッチン・風呂・トイレ・洗面台）といった室内に重きを置くのに対して、ビルについては、共用部分、特にエントランスや道路面の外壁など、「誰もが見える部分」にお金をかけるほうが、リーシング時は有利に働きます。

そして、これは極端な例ですが、「虎ノ門ヒルズ」や「六本木ヒルズ」などのシンボル的なビルが近くにあれば、少し賃料が安かったとしても簡単には勝てません。

このように、事務所・店舗物件はいろいろと考慮すべき点が多いため、**初心者にはお勧めできない不**

**動産投資**です。住居タイプの物件から投資を始め、経験を積み、資金的な余力も十分となった後であれば、検討してみるのもアリかもしれません。

## ④更地にマンションやアパートを一から建てるケース

更地にマンションやアパートを建築するのも、選択肢の1つとしては考えられますが、**建築コストが膨らみやすいため、「本当に儲かるのか」という点は徹底的に追及する**必要があります。特殊な物件ではありませんが、初心者向けかというと悩ましいところです。

更地への共同住宅の建築については、「すでに持っている土地に建築する」のか、「土地の購入＋建築」なのかによって、投資効率が大きく異なります。仮に、同規模の建物を建築するのであれば、得られる賃料収入は変わりませんので、土地代の負担が利回りに直結するからです。

また、後者において土地の購入から融資を使うのであれば、建物が完成して賃貸物件として実際に稼働するまでは不動産からの収入がなく、返済は出る一方です。その間、耐えられるだけの本業収入や預貯金などが必要です。

いずれにしても、近頃は「建築・解体費用が高くて割に合わない！」という声を、一棟物件（アパート・マンション）業者のみならず、戸建の建売業者からもよく聞きます。

建築資材以上に、問題なのは人件費。福島県の住宅再建やオリンピック施設の建築など、需要の拡大があると同時に、「大工さん不足」という労働力の供給不足がダイレクトに問題となっています。人口減少と労働力人口の減少は、賃貸需要の減少以前に、建物供給においてもボトルネックとなっているのです。

話を戻しましょう。更地への共同住宅を建てる場合、建物面については、「新築物件」のメリット・デメリットにほぼ重複する内容です。

ただ、更地からの建築が「単なる新築物件」と異なるのは、建物の仕様・デザイン・間取りなどについて、施主として希望するものを造ることができる点です。

壁紙や家具など小手先のアプローチではなく、間取りやエントランス・共用部のコンセプトなど、一味違う賃貸物件を一から造り上げることができるのは魅力の1つ。オーナーとして、入居者に快適な生活をしてもらえる賃貸物件を提供したい、自分の建物コンセプトに共感してくれる入居者で賃貸経営をしていきたい……こういった満足度は高まります。

しかしその反面、投資という観点からは、建物にお金をかければかけるほど投資効率は悪くなるので、ただの自己満足となってしまう可能性があります。

なお、「土地の購入と建物の建築をパッケージ化し、ローンまでアレンジして提供する」ことを得意としている投資用不動産業者・建築業者もありますが、注意すべきはやはり新築と同じく**「賃料の下落リスク」と「建物価値の下落リスク」**の2点。

前述のような業者は、「新築でありながら、投資家に対して訴求力のある価格帯（利回り7～9%前後）」を実現するため、価値の低い土地を安く仕入れる（または投資家に購入してもらう）ことも少なくありません。

車が入らない、日当たりが十分に確保できない、田舎過ぎて住環境が悪いなどといった価値の低い土地であれば、そのぶん安く購入できるため、新築建物を乗せた利回り物件として、何とか価値を持たせて売るパターンはよく見かけます。

しかし、賃料の下落リスクと建物価値の下落リスクがあるため、このような物件を保有してしまえば、さほど儲かりもせず、最終的に価値の低い土地だけが残る……ということにもなりかねません。

ちなみに、大東建託やレオパレスなどが実施している、地主に建築させるケース（すでに持っている土地に建築するケース）も有名ですが、これも、収支面の見込みが甘くないかがチェックポイントです。

さて、ここでは不動産投資における「特殊な物件」の代表的な４つの例を挙げましたが、これらはやはり「ベタな不動産投資」ではないぶん、ハードルは上がります。繰り返しになりますが、よほどの優良物件でない限りは、初心者の方が手を出すのは避けておいたほうが賢明でしょう。

**Ａ：特殊な物件については、よほどの「掘り出し物」でもない限り、不動産投資の対象として、初心者の方にはあまりお勧めできません。**

## Q26：不動産投資における「特殊なリーシング」の特徴とは？

前項では、不動産投資における特殊な「物件」について解説しましたが、ここでは、特殊な「リーシング」、つまり、「ちょっと変わった貸し方」について、２例挙げてみたいと思います。

### ①「Ａｉｒｂｎｂ」用にする

「Ａｉｒｂｎｂ《エアビーアンドビー》」というものをご存知でしょうか。これは、世界最大手の宿泊仲介の空き部屋シェアサイトです。

「Ａｉｒｂｎｂ」には、世界で（日本を含む）80万件以上の物件が登録されており、バックパッカーの方々を中心に、人気に火がついたサービスです。実際、テレビ番組の「Ｙｏｕは何しに日本へ？」でも、これを活用して旅をしている人が取り上げられていました。

簡単に言えば、自宅の一部屋や、アパートの空き部屋、空き戸建などを宿として提供したい人がＡｉｒｂｎｂに登録し、一方、借りたい人はＡｉｒｂｎｂを通じて、そこへ宿泊の希望をするというものです。

ここでは、そんな**「Ａｉｒｂｎｂ」に登録して投資用不動産を貸すことで対価を得る**手法はどうなのかということについて考えていきましょう。

日本においては、２０２０年の東京オリンピック時にホテル・旅館などの宿泊施設のキャパシティを超える宿泊需要が発生するであろうという試算もあるため、遊休資産の活用という観点からは、タイミングを含め、ビジネスとしてとても面白く見えます。

実際、都心部といっても、15～20平米のワンルームの月額賃料は10万円未満がコアラインです。それに対して、旅行者に1泊1万円で貸すことができれば、毎日埋まれば単純計算で月額約30万円です。半額の５０００円に設定しても、やはり毎日埋まれば15万円になりますので、通常の住宅として貸すよりも旨みがありそうです。

不動産オーナーとしては、建物・部屋の提供に加えて、家具家電や寝具などについても準備が必要になり、また、ゲストの入れ替えごとにリネン（シーツ）類の交換などの手間はありますが、空室活用としての収支は十分でしょう。

また、ホスト側・ゲスト側共にヤフオクのような評価システムがあり、支払いもＡｉｒｂｎｂ経由で完結するため、物件提供者のハードルは低くなっています。

しかしながら、２０１５年7月現在において、私は、投資用不動産をＡｉｒｂｎｂに用いることを少し懐疑的に見ています。

なぜなら、**Ａｉｒｂｎｂのサービス自体が、日本においては、法律のグレーゾーン（むしろブラック）に該当する**からです。

「宿泊料を受けて人を宿泊させる営業」これは「旅館業法」に該当します。都道府県知事の許可が必要で、部屋の大きさや部屋数、採光・照明・衛生基準など、新規の開業は容易ではありません。

「土地が空いているなら何だって建てればいいじゃん」とならないために用途地域が定められているように、「空室なら誰でも泊めたらいいじゃん」とは簡単にいかないのです。

実例として、2014年5月、東京都足立区で英国籍の男性が、賃貸の一戸建住宅を勝手に宿泊施設にして外国人旅行者に有償で提供していたことで、「無許可の簡易宿泊所を営んだ」として逮捕されました。保健所からは10回にわたって指導があったものを、「宿泊施設ではなく、シェアハウスだ！」と突っぱねていたそうですが……。

自宅の1室を提供する、アパートの空き部屋1戸を試験的に提供してみる（行政指導があれば即やめるべきですが）程度は面白いかもしれませんが、「Airbnb用にしよう」という目的で投資用不動産を取得するのは、今のところは時期尚早だと言えるでしょう。

**②シェアハウス・ゲストハウス用にする**

「Airbnb」が、賃貸の「時間的な切り売り（貸与）」であるのに対し、シェアハウス・ゲストハウスは、賃貸の「空間的な切り売り（貸与）」であると言えます。

大きなキャベツを100円で丸ごと1個販売するよりも、4分の1のカット売りで1個30円にしたほうがトータルの収益が大きくなる――極端な話、これと同じ理屈です。

なお、シェアハウスやゲストハウスの定義は事業者によって解釈が異なるため、ここでは「水回りなどを共用で利用し、複数人の賃借人が混在する建物」と定義し、以下、「シェアハウス」として表記します。

更地に新たにシェアハウスを建築する場合には、それを得意とした建築家・設計業者にお願いすることもできますが、**既存の戸建や区分マンションの3LDKなどをシェアハウス化するには注意が必要です。**

というのも、国土交通省では、「貸しルーム」という表現がなされていますが、複数の者を居住させるシェアハウスの業態は、建築基準法上の「寄宿舎」に該当するとの通知を出しています。

東京では、２０１５年上旬に厳しい規制が条例で緩和される方針が打ち出されましたが、それでも、一般の住宅よりも建物の設備などについて要件は厳しくなっています。

もちろん、遵法性をクリアできた際には、物件を小分けにすることで賃料総額が膨らむため、表面利回りは魅力的な数字になる傾向があります。

ただし、ネックとなるのは「ＯＰＥＸ（運営費）」。１ヶ所しかないキッチン、風呂・シャワーや、ゴミ出しの問題などを入居者に丸投げはできません。人間「自分のテリトリー外」と思うエリアのお掃除は、誰しも億劫《おっくう》になるものです。さらに、外国籍の入居者まで混在するような場合には、物件がカオスな状況になりかねません。

よって、シェアハウス環境の整備・維持は外注する必要がありますが、そのためには多大なコストがかかります。しかも、共用部分の頻繁な清掃や大人数のゴミ出し、入居者・近隣住民のクレーム処理などについて全てを任せることができるような管理業者は多くないのが実情です。

具体的には、**一般的な賃貸物件の管理料が月額賃料５％前後であるのに対し、シェアハウスは月額賃料の20％前後であるケースが多い**です。

また、シェアハウスは融資がつきにくく、前述のように運営の煩雑さがある（丸投げするにはコストがかかる）ため、売却時にも、購入を検討する人の数が絞られます。

そのため、結局は高い利回り（低い価格）を最大のウリとして、販売しているのが実情です。

入居者の選別に神経を注ぎ、入居者の教育・ルール作りなど意思統一を図り、コミュニティの形成を楽しむことができるのであれば、超長期保有にはアリかもしれません。

自らもシェアハウスの一員として、積極的に物件の維持管理に努められるのであれば、ネックとなる運営コストも抑制することができるでしょう。

A：「Ａｉｒｂｎｂ」は、現状では法的にグレーなので、Ａｉｒｂｎｂ専用で投資用不動産を保有するのはお勧めできません。「シェアハウス」については、自らがシェアハウスの一員として積極的に物件管理に努められるのであれば、超長期保有はアリかもしれません。

# 第４章
# 良い不動産業者に巡り合えれば勝てる

## Q27：不動産関連の会社は多々あるけど、不動産投資を始めるにはどんな業者を訪れるべき？

不動産投資の初心者が訪れるべきところは、**「個人向けの投資用不動産に特化した不動産業者」**です。

実際、私もプライベートで「不動産関連の仕事をしています」と言うと、「じゃ、今度引っ越すときは部屋を探してもらおうかな」などと返されますが、私は賃貸不動産業者の営業担当ではないので、「アハハ……」と笑ってごまかすしかありません。

不動産関連の業界は、大きく次の４つに分類されます。

①開発――いわゆるデベロッパー。分譲・事業主
②売買――売買仲介はもちろん、新築の分譲販売や転売をメインでやる業者など
③賃貸――賃貸の仲介や貸主（オーナー）事業
④管理――家賃の収納代行業務や、マンションの管理会社など

ここから、さらに得意分野によって細分化されていきます。同じデベロッパーでも、「ライオンズマンション」シリーズの大京のように大型の分譲マンションを造るところもあれば、戸建やアパートの建売業者も含まれます。

売買でも、新築分譲マンションの販売に特化した業者もあれば、三井リハウスのように中古をメイン

で売買仲介する業者もあります。

ちなみに私は、②の不動産売買仲介営業マンですが、扱っているのは個人投資家向けの一棟モノです。また、個人的に大家業もしていますので、そちらの面では③にも該当します。

不動産投資においては、「物件情報の取得がしたい→売買や、売買仲介の業者」「空室の賃料調査、募集・客付けがしたい→賃貸仲介の業者」「物件の清掃や家賃の回収を依頼したい→管理会社」「更地に新築アパートを建築したい→建築業者・ハウスメーカー」というふうに、本来は分断されている業務や業態を横断的に把握、活用していく必要があります。

そのため、冒頭の話ではないですが、知り合いに「不動産をやっている」という人がいても、その人が「どのポジションにいるのか」によって、必ずしもアドバイザーになり得るとは限らないので注意が必要です。

「何でもやっているよ」という不動産業者や、「不動産に関するご相談は何でもこちらへ」などと書いてある看板はよく見かけますが、本当に「投資用不動産」に軸足を置いている不動産業者は限られます。

そのうえ、「一般（個人）向けの投資用不動産に注力している会社」はごく一部であり、そこから一棟・区分・新築・中古・都心・郊外など、得意分野によって分かれているのが実情なのです。

では、ここから「一般個人向けの投資用不動産に注力している会社」の具体的な見つけ方を解説していきましょう。

一番簡単なのは、「楽待」「健美家」などの**不動産投資ポータルサイトの中で、セミナーをやっている不動産業者を探す**ことです。

不動産投資セミナーなどで集客をしている不動産業者であれば、融資付けのノウハウや、購入後の運営管理、買い増していく方法、税務手続きの入り口など、個人の不動産投資家をサポートできる体制が整っている可能性が高いです。

ちなみに、「ごく普通（住居用を主に扱う）の売買仲介に特化した不動産業者」から購入した場合などは、その後のオペレーションについて、自分で全て音頭を取って動く必要があるので大変です。

当然ながら個人向けの投資用不動産に特化した不動産業者以外の業者だと、営業担当者も投資用不動産のノウハウ、管理・賃貸の知識に乏しい可能性が高まります。よって、たとえ購入がすんなり進んでも、所有権の移転が終わった途端に放り出されてしまうことになりかねません。

ただし、1件保有して管理会社との付き合いや銀行融資について自分で動けるような知識・経験を身につけたような方ならば、2件目、3件目については、大手の売買仲介業者や地場の駅前不動産業者に出入りしてみるのも面白いでしょう。

参考までに、首都圏でよく名前を耳にする「投資用不動産専門の業者」と得意分野を紹介しておきます（お客様からよく名が出る企業を挙げたものです）。

## ●一棟モノ、特に中古のＲＣや鉄骨造を得意とする業者

「パシフィック・アセット・マネジメント株式会社」（http://www.pacific-am.com/）
「株式会社プレミアムバリューバンク」（http://p-v-b.com/）
「ジェイワンキャピタル株式会社」（http://www.joc2008.com/）
「株式会社金森実業（ウェブサイト：通販大家さん）」（http://www.28083.jp/corp/）

●一棟モノ、特に中古の木造アパートを得意とする業者

「株式会社リッチロード」（http://www.richroad.co.jp/）

「株式会社クローバー（ウェブサイト：不動産事業.com）」（http://www.toushi-plus.jp/index.html）

「株式会社クリスティ」（https://www.christy.co.jp/）

●新築スキーム（土地購入とセットの新築一棟アパートの建築）を得意とする業者

「株式会社シノケングループ（㈱シノケンプロデュース／㈱シノケンハーモニー）」（http://www.shinoken.co.jp/）

「株式会社インベスターズクラウド」（http://www.e-inv.co.jp/company/）

●新築一棟アパートを得意とする業者

「日本家主クラブ株式会社」（http://www.yanushiclub.jp/）

●新築一棟マンション建築を得意とする業者

「株式会社金太郎カンパニー」（http://kintarou.cbiz.co.jp/index.php）

**●中古区分マンション建築を得意とする業者**

「株式会社ランドネット」(http://landnet.co.jp/)

**●全般的に扱っている業者**

「株式会社シー・エフ・ネッツ」(http://www.cfnets.co.jp/)
「株式会社水戸大家さん」(http://mitooyasan.net/)

もちろん、名前があるからといって必ずしも「安心だ」「いい業者だ」というものではありません。営業担当者によっても当たり外れはあるため、まずは、同じ不動産業者でも「得意分野が大きく異なる」という点を理解してください。関わる不動産屋の数としては、まずは3~5社程度に話を聞いてみるとよいでしょう。

すごくラッキーなことに、絶対的に信頼できて、ウマの合う営業担当者が1発目で見つかることもあるかもしれませんが、それは極めてレアケースです。もし、自分の中で現時点で方向性(一棟や区分という分類)があるのならそのカテゴリの中で3~5社、「全般的に興味がある」というレベルであれば、あえて違うカテゴリから3~5社程度の個別相談やセミナーに参加してみるのがお勧めです。

**A:不動産投資の初心者が訪れるべきところは、「個人向けの投資用不動産に特化した不動産業者」です。ただし、業者によって得意分野が違う点に注意が必要です。**

## Q28：「不動産業者の良し悪し」を判断するにはどこを見ればいい？

正直なところ、ウェブサイトの作りを見たり、1回セミナーに参加してみる程度では、不動産業者の良し悪しを見極めることは難しいでしょう。

ただ、判断材料はこの他にもいくつかあり、例えば、**かつて行政から処分・指導を受けた不動産業者については、国土交通省が公開している情報を以下のシステムで閲覧することができます。**

「国土交通省ネガティブ情報等検索サイト」(http://www.mlit.go.jp/nega-inf/index.html)

もちろん過去に受けた処分・指導ですから、現在は改善されています（されている「はず」です）が、君子危うきに近寄らず……というのは言わずもがなです。

この他、「不動産業者の免許番号」から「会社が長く続いているか」をチェックする方法はあります。ただ、昔からあるからという理由だけで良い会社かと言えば必ずしもそうではありませんのでご注意を。

免許番号の表記は【国土交通大臣（☆）第XXX号】というもの。

この中の「(☆)」。これが更新回数です。宅建業は5年に1回更新が必要なので、長く続いている会社であれば、この数字が大きくなり、実績があるイメージがつきます。

ただ、気をつけたいのは、**免許番号の古い会社を買い取って営業を始めることもよくある**ため、そこだけを判断材料にするのは注意が必要です。

ちなみに、宅建業の免許には「大臣免許」と「知事免許」がありますが、これは、「営業エリア」ではなく、「営業所が複数の県にあるか否か」の違いによって種別が異なります。

つまり、北海道の業者が沖縄県の不動産を仲介しても知事免許でＯＫなのですが、東京都に事務所がある不動産業者さんが、追加で埼玉県に事務所を設ける際には、大臣免許が必要となります。

ともあれ、先のネガティブ情報検索にしても免許番号の更新回数にしても、基本的には参考程度に考えておくのがよいでしょう。運転免許証でも、ゴールド免許保有者の運転が安心かと言えば、ずっとペーパードライバーだからというのはよく聞く話です。

これから訪問・相談する予定のある業者、すでに物件の紹介をしてもらっている業者については、「口コミ」「評判」「セミナー」などでウェブサイトを検索し、ユーザーやセミナー参加者のブログなどから、イメージを掴むのがお勧めです。

私個人の意見としては、自社で扱う販売物件（特に新築のシリーズもの）の良さをアピールしまくっているホームページやセミナーよりも、**コンサルティング営業、つまり「個別相談・ヒアリングありきで、あなたに合ったよい物件を紹介していきます」というスタンスの業者のほうが良心的**だと思います。

**Ａ：少ない情報を判断材料にせず、様々な角度から、まずはウェブで検索してみてください。また、自社の物件の良さばかりをアピールする業者より、コンサルティング営業に力を入れている業者のほうが良心的な傾向があります。**

## Q29：中には「悪徳不動産業者」も存在する？

「客を騙して変な物件を売りつける業者もいるの？」「どんな営業をする業者が怪しいの？」などという質問もよく受けるので、ここで解説しておきましょう。

まず、前者についてですが、「露骨に悪意を持って」「顧客を騙し」「変な物件を売りつける業者」――これは全くないとは言い切れませんが、今の法整備された時代、あまり不動産業者にもメリットがないのが正直なところです。

販売する側から見た場合、特に投資用の不動産は住むための実需の不動産とは異なり、1件目の満足度が高ければ、2、3、4件目……と、継続しての購入が望める商品です（実需の不動産でもリピートは有り得ますが、そう頻繁に「自宅を買い替える」「自宅を買い増す」というのはレアケースですよね）。よって、業者としてもおかしな物件を売りつけて嫌われるより、よい物件を購入していただいて次に繋げたほうが余程メリットがあるのです。

ただし、**「新築の資産運用型マンション」、主に「新築区分ワンルーム」については、「儲からない」と分かっていて販売をしていると思われるケースが少なくありません**。

「変な物件」かと言えば、「利用者の多い駅前立地」。しかもピカピカの新築で空室保証までつけます！」といった内容などが多いので、単純に「物件としてはまとも」なのですが、「不動産投資」としては適した物件ではない（儲からない）ことが多いのです（「節税効果がある」などと謳っていることもありますが、「だから損してもいいんだ！」というわけでもないと思います……）。

一方、厄介なのは、**売る側が「投資として良い物件だと思い込んでいる」ケース**です。「自分が扱っているのは、都心部の新築ワンルームで空室の心配がない物件だ！」「この物件は積算評価が高く、フルローンが引けるからいい物件だ！」「これだけ都心部の築浅ビル、今の相場で利回り6％なら素晴らしい！」

このように、自分の仕事や取扱物件に自信を持って「良い物件を売っている」と考えている営業担当者は多いはず。しかしながら、その中には、表面利回りやレントロール（貸借条件一覧表）程度はさすがに分かっていても、各金融機関の動向や、運営費・修繕のコスト、デッドクロス（減価償却費が減り元金返済で赤字になる）のタイミングなどを把握できていない営業担当者も少なくありません。**「不動産のプロ」は「不動産投資のプロ」ではありません**。「購入者が儲かる物件か否か」という本質的なところを分からないまま、素人が素人に販売している……これは実際に見受けられるところなのです。

したがって、ちょっとでも「怪しいな」と思った場合には、第2章で紹介した「リーファ」（「Q16・不動産投資の『シミュレーション』はできる？」63P参照）の活用など、自分でシミュレーションしてみてください。そうすることで、変な物件・儲からない物件を回避できる可能性が格段に高まります。

続いて、「どんな営業をする業者が怪しいか」についてです。業界に身を置く自分が言うのもなんですが、人によっては、ただでさえダーティな印象を持たれている「不動産」。そこに「投資」が絡むと怪しさは爆発的かもしれません。

とはいえ、実際のところ業界内では「スマートに、誠実にやろうという姿勢の業者（担当者）」と、「目先の利益優先で動いている業者（担当者）」とが混在しています。

私の経験から言える、「怪しい不動産業者」の傾向は以下の通りですので、参考にしてください。

①「しつこ過ぎる電話勧誘」――勤務先などに突然かけてきたりするなど、**電話営業による攻勢をしまくっている投資用不動産業者はかなり怪しい**です。なぜなら、電話営業は、市場の認知度が低い商品や、売りにくい（売れない）商材を販売するのに有効な手法だからです。本当に儲けの出る投資案件であれば、1件1件電話して新規の顧客を開拓する必要がないのです。

②「長時間の拘束」――「ハンコ押すまで帰しません！（帰りません！）」という営業。露骨な押せ押せの営業です。決断するためにお客様の背中を押してあげることが必要な場合もありますが、普通は歓迎されるはずもありませんよね。また、①と同じ理由で、優良案件であれば無理にその人に販売する理由もありません。

③「『絶対に儲かる』発言」――不動産投資のリターンは、インカムゲインでもキャピタルゲインでも、あくまで将来的なものです。営業担当者からすれば、押しの一言に使いたい気持ちも分かりますが、「絶対に儲かります！」「間違いありません！」などの強すぎる断定は、勢いで売ってしまおうとしている怪しさが漂います。

④「いいことしか言わない」――第3章で書いた、新築・中古やエリアなどの比較からも分かるように、どの物件にも一長一短はあるものです。

物件紹介時の文章・宣伝文句は当然よいことばかり書かれているでしょうが、現地の案内時や顔を会わせて物件の内容を聞く際には、**良し悪し両面の説明がある人（業者）のほうが信頼できます**。

⑤「同業他社（他物件）を叩きまくる」「他の業者に行かせない」――顧客を囲いたいがために、「あの不動産業者は評判が悪い」「あそこの物件はダメだ」などというトークばかりする業者もあります。

業界の構図や企業名は今後の参考にもなるため、聞いておいて損はありませんが、それに終始してしまう業者は避けたいところです。親身に心配しての忠告であれば、「行くのは構いませんが、気をつけてくださいね」で十分。他業者に行かれると情報量で勝てない、勧めている物件の弱みが明るみに出るなど、その業者にとって都合が悪い理由がある場合が多いのです。

A：「積極的に客を騙して変な物件を売る業者」はほとんどいないと思いますが、自覚なくあまりよくない物件を販売する業者（営業担当者）もいますので、怪しいと思えば、自分でもソフトなどを使ってシミュレーションしてみることをお勧めします。
また、「どんな営業をする業者が怪しいか」については、本文中に挙げた①～⑤のポイントを判断材料にしてください。

## Q30：「信頼できる営業担当者」「信頼できない営業担当者」の見分け方はある？

こと投資用不動産においては、**不動産「業者」以上に営業担当者という「ヒト」の当たり外れが、投資の成否に大きく関わってきます**。

同じ年収・同じ自己資金の人がいたとしても、1年後には「総資産3億円、年間数百万円のキャッシュフローの人」「総資産1億円、年間数十万円のキャッシュフローの人」、「何もしていない人」など、全く違う状況に分かれますが、これは本人の決断もさることながら、営業担当者の誘導も大きいのです。

したがって、信頼できる不動産投資の営業担当者と出会うことはとても重要。ただ、注意すべきは、同じ業者の中にも「できる人」と「できない人」がいることです（これは不動産業界に限ったことではありませんが）。

不動産の転売業者は、物件を仕入れるために仲介業者を訪問することもよくありますが、私が「一棟仲介」の不動産業者に勤めていた頃、とある買取り業者の営業担当者の来訪を受けました。

しかし、彼は驚くべきことに「利回り」という言葉を知らなかったのです。新人さんだったのかもしれませんが、彼が勤めるのは、上場企業のグループ会社。それでもこのレベルの社員がいるのです。

では、どんな営業担当者が信頼できて（仕事ができて）、どんな営業担当者が信頼できない（仕事ができない）のでしょうか。

まず、「できる」営業担当者の傾向をまとめると以下の3つ。

**「①金融機関の最新動向を把握している」「②物件情報の収集力がある」「③提案に幅がある」**です。

できる営業担当者は、お客様の勤め先や年収・自己資金などのヒアリング中に、融資の可能性のある金融機関はどこなのか、そこから本人の将来的な目標に近づくために最短の組み合わせができる物件はどのようなものか、これらを合致させて提案していくことができます。

また、販売力のある仲介（売買）業者やその担当者には、売主サイドに立つ不動産業者から情報が集まりやすくなります。

このように、金融機関の選択肢があり物件が集まりやすくなるため、マッチングできる顧客も多くなり、様々な幅のある提案を展開することができるようになります。

ただ、できる営業担当者ほど優良顧客も集まりますので、よりスムーズに購入してもらえる顧客が優先され、属性面（融資）がきわどかったり、細かい希望が多過ぎるお客様は後回しにされてしまいがちなのが悩ましいところです。

一方、「できない」営業担当者の傾向は先ほどの正反対。

**「①金融機関の動向が把握できていない」「②物件情報を集められない」「③提案に幅がない」**です。

「私は融資が組めるのでしょうか？」という当然の質問をしたときに「銀行に聞いてみないと分からないですね……」という回答のみで終わってしまう担当者であれば、融資付けに不安が残ります。

金融機関は、物件面と人物面の両方の詳細資料を全部持ち込んでの最終ジャッジとなるので、仕方ない面もあるのですが、それでもある程度の経験がある担当者であれば、入り口時点で大まかな「可能か不可能か」の判断がつくものです。

また、金融機関の動向を全く把握できていないよりはマシですが、スルガ銀行やオリックス銀行でのアパートローンという、パッケージ化された一部の融資しか把握できていない担当者も少なくありません。その場合、融資の選択肢が狭くなり、それに伴い物件の選択肢も少なくなり、提案の幅は狭まります。

この他、営業担当者の良し悪しを見極めるために、**担当者に対して「○○さんは不動産投資をされているのですか？」と聞くのもかなり効果的**です。

実際に不動産投資に取り組んでいる担当者であれば、どの銀行で、どれくらいの金利・期間で融資を引いたのか、投入した自己資金や利回り感など、スムーズに答えられるはずです。

金融業界と異なり、不動産投資はインサイダー取引の法的な制限は存在しません（会社によっては若干の社内規定がありますが）。よって、不動産投資に真剣に取り組んでいるのであれば、それを勧める本人も取り組んでいて当然ではないでしょうか。

ただし、業界内にいる私の感覚からすると、おそらく、不動産投資を自ら実践している担当者の割合は、10～20％程度に過ぎません。少数派なのです。

やっていない理由としては、「リスクをよく分かっているから」「ローンが組めないから」など様々。実は、歩合給の割合が高い不動産営業マンへの融資を快く思わない金融機関も多いのです（金融機関は基本的に収入の安定性を求めます）。

確かに、不動産は誰でも購入できるものではありませんし、現在は取り組んでいなくとも購入するための資金を貯めている最中であるなど、様々な営業担当者がいます。

とはいえ、買う側からすれば、よく分かっている（現に不動産投資に取り組んでいる）営業担当者から購入したいと思うのは、当たり前の話だと思います。

ちなみに、その業者を通じて投資用不動産を購入したい、あるいは購入を検討したいと思っているけれど、どうも営業担当者が頼りない……このような場合に担当者を「チェンジ」できるのか？　という質問を受けることがあります。

答えは、**「チェンジ可」**。あくまで人間と人間なので、営業担当者ができる・できないのみならず、ウマが合わないといったことも当然あるでしょう。担当者を変えてほしい場合は、勇気を出して、理由と共にその旨申し出てみてください。

ただ、やはり企業の中では、「お客様からの担当者の交代希望＝その担当者に落ち度がある」という認識になるため、あまりに気軽にやるのは避けるべきです。また、根性論が根強い業者もあるので、チェンジしたいしっかりとした理由を添えて相手に伝えなければ、その営業担当者の上司から、「もう一度頑張ってこい！　努力して認められるんだ！」などの指示が飛び、結局担当者は変わらないうえ強引な営業をされる……という目も当てられない状況になってしまうこともあるので注意が必要です。

なお、不動産業者は1～2人で運営しているケースも少なくないため、チェンジできる要員がそもそもいないこともあり得ます。そんなときは、頼る会社ごとチェンジしてしまいましょう。

**A：できる営業担当者の特徴は「金融機関の最新動向を把握している」「物件情報の収集力がある」「提案に幅がある」こと。加えて、本人が不動産投資に取り組んでいればなおさらよいでしょう。**

## Q31：業者から見て「優良物件をたくさん紹介しよう」と思われるようなお客様になるためにはどうすればいい？

前項は、営業担当者の良し悪しの見分け方について解説しましたが、営業担当者も人間です。「積極的に物件をお勧めしたい！」と思うお客様もいらっしゃれば、その逆もしかり。**営業担当者も、優良物件をどんどん紹介したい「よいお客様」なのかどうかを見極めているの**です。

営業担当者から好かれれば有益な情報も入りやすくなりますし、逆に嫌われれば、当然、物件情報は集まりにくくなります。

そこで、この項ではどのようなお客様が「好かれるお客様」、あるいは「できれば敬遠したいお客様」だと判断されるかについて解説していきたいと思います。

### ●営業担当者が「大好きな」お客様

①**「購入できることが明確な人」**——大前提としては、あくまで「買える人」であること。一番の優良顧客は、年収が高く、自己資金があり、そして借入れが少ない人。これが理想です。「現金購入で2億円の資金があります」といったケースも、明確という点からはこの上ないです。

もちろん購入する物件にもよりますが、「いかに資金・融資の組み立て、投資が成立しやすいか」、ここが営業担当者が見る最初の線引きとなります。手間のかからない融資の組み立てが想定できるか否かが焦点です。金融機関の見るポイントや傾向と活用方法については「第6章　良い融資を受けるために知っておきたいこと」で記しますが、使える金融機関・紹介できる物件の幅は、年収・自己資金など個々人のスタートラインによって格段に変わってくるのです。

②**「金融機関の選定を営業担当者に任せてくれる人」**——ある程度経験を積んだ投資用不動産業者の営業担当者であれば、物件面（価格帯・立地・構造など）と顧客属性（年収・自己資金・年齢など）の組み合わせから、「新築の木造アパートで、年収がこれなら、あの銀行に持っていこう」といったふうに、どの金融機関・融資商品が合致するのかを早い段階で判断することができます。

しかし、より有利な条件での融資（低い金利・長い期間）を求め、金融機関のこだわりがシビアなお客様もおり、その気持ちは理解できるものの、「審査に1ヶ月かかります……」など、時間がかかりすぎて購入そのものが頓挫するようなケースも少なくありません。

なお、基本的には営業担当者が考える本命となる（通りやすい）金融機関をあたってもらい、その他の金融機関については、自分でも打診してみるというスタンスであれば、双方が納得したうえで話を進めることができるでしょう。

③**「フットワーク・判断の早い人」**——現地の見学など、物理的な動きやメール・電話でのレスポンスが早いお客様は、営業担当者からも好まれます。また、物件の紹介をした際にも、どこが良くてどこが悪いから、購入したい（したくない）という判断の早いお客様であれば、営業担当者もその回答を活かして次の物件をご紹介することができます。

良い物件情報がないかと日々ウェブサイトを巡り続けたり、良い金融機関はないかといろいろな銀行にあたり続けるよりも、日頃から物件情報・融資状況に触れている営業担当者に好かれるお客様になるほうが、圧倒的に効率が良いのは間違いありません。

よって、あなたが「信頼できそうな営業担当者」と判断したのであれば、融資の打診表や業者の提示するプロフィールシートなどは、サクサクと記入して渡してしまったほうが心証は良くなります。

## ●営業担当者から「敬遠されがちな」お客様

①**「そもそも買えない人」**——金融機関が見る目安や基準と大きく乖離がある人。不動産投資どころではない人が相談されるケースも結構あるんです……。

②**「あまりに慎重過ぎる・心配性の人」**——「地震が心配で……」「入居されている高齢の方が室内で亡くなったら……」気持ちは分かりますが、現物である不動産に投資する以上、自然災害や入居者の事件・事故については、心配し過ぎてもどうしようもない部分も存在します。

③**「金融機関・金利のこだわりが強すぎる人」**——「りそな銀行以外は嫌」「金利は1・0％以下でなければやらない」など。融資を通してから来ていただける方や、誰が見ても都市銀行で通りそうな方ならそれでもウェルカムですが、そこまでの個人属性・保有資産がある人でなければ、ただの夢追い人です。

④**「理想が高過ぎる人」**——「ハウスメーカー施工、駅5分以内、築10年まで、満室稼動していて23区内で、利回り12％以上で探しているの！」……と言われても、そんな物件まずありません。細か過ぎる条件にこだわり続け、チャンスを逃している方は多いです。

⑤**「質問内容が細か過ぎる人」**――②に近いですが、特に、利回り面で魅力のある中古物件については、不明点が残ったまま引き継がれることも少なくありません。完璧な資料・物件を求めるのであれば、利回りが寂しくても新築がベターです。

⑥**「時間を守らない人」**――約束した現地確認の時間、来社時間、契約時間に現れない。投資以前の話です……。

⑦**「忙し過ぎて時間が全く作れない人」**――現地を見に行く時間が作れない、金融機関とのローン契約の時間が取れないなど。「自分で手間をかけなくてもよいのが不動産投資のよいところ」ではありますが、それは運営を始めた後の話です。購入時には、現地の確認や売買契約、金融機関とのローン契約など、ある程度（延べ2～3日）の時間を作っていただく必要があります。

以上、不動産業者側から見た、「好かれるお客様」「敬遠されがちなお客様」について解説してきましたが、いかがだったでしょうか。もちろん、不動産投資を始める方は「お客様」ですので、営業担当者に対して下手に出る必要はありませんが、ここで書いたようなことに気をつけていれば、良い物件を優先的に紹介してもらえるようなお客様になれると思います。

**A：「購入できることが明確」で、「金融機関の選定を営業担当者に任せ」、「フットワーク・判断の早い」お客様になれば、優良物件をどんどん紹介される可能性が高まるでしょう。**

## Q32：不動産業者とトラブルになることもある？

お客様（買主）と不動産業者とのトラブル、たまにあります。

一番多いのは、購入した後に**「そんなこと聞いていてない！」など、言った・言わないのケース**。

投資用・実需のどちらであったとしても、仲介であれ売主であれ、不動産業者には説明責任がありますが、特に中古の投資用不動産については、購入後に想定していた収入が得られない場合と、想定していなかった費用が増えた場合、とても大きなトラブルに繋がります。

実際に、時々聞くのは以下のようなものです。

「レントロール（貸借条件一覧表）よりも賃料が低かった（駐車場代が賃料に込みだったなど）」

「ケーブルテレビ、インターネットなどのオーナー負担があることが判明した」

「外部に借り上げ駐車場があり、利用料がオーナーの負担だった」

これらは、賃貸借契約書の確認、コスト面についての売主への確認など、物件として商品化する際の調査不足が主な原因です。

土地の平米数が若干違ったり、建物の間取が２ＤＫだと思っていたら１ＬＤＫに変更されていた……なんていうことが後から分かることも時々ありますが、投資用不動産においては、これはハッキリ言ってさほど問題にはなりません。

やはり、最も注目するべき箇所は賃料収入と支出。その根幹が揺らぐと当然揉めることになります。

しかも、売買契約が成立した後から不動産業者や売主にクレームを入れることは非常に面倒です。したがって、**収支関係については、少しでも疑問となる箇所があれば「これって本当に○○で合ってますか？」としっかり確認しましょう。**

その際にも、営業担当者と「言った・言わない」とならないように、特に数字の面に関しては、**記録が残るメールを活用するのがお勧め**です。

A：「言った・言わない」で揉めるケースがたまにあるので、収支関係で気になる部分はしっかり確認し、数字のやり取りは、記録が残るメールで行うのがお勧めです。

# 第5章
# 良い物件に巡り合うためのポイント

## Q33：どんな物件が「良い物件」なのか？

極論、**投資用不動産については「儲かるかどうか」が判断の要**です。

つまるところ、**「相場より安い物件」が「良い物件」**と言えます。ただし、同じ物件であったとしても、それが「その人にとって」良い物件かどうかは、人によって異なります。

例えば、現在潤沢な資金があるのならば、都心部の新築もしくは築浅RCという選択も有効です。現金を多く入れて、長期かつ低金利でローンを活用することで、空室リスクが少なく、安定収入を確保しやすくなります。

年収の20～30倍程度の物件総額を早期に取得し、「今時点での足場を固めたい」のであれば、スルガ銀行などを活用した、地方の中古一棟RC物件の購入など、スピード感のある拡大で今すぐキャッシュフローを得る投資もあります。

また、時間がかかっても、本業年収の上限に捉われないような専業大家さんを目指す拡大をしたいのであれば、土地の積算評価を重視した中古木造アパートなど、バランスシートを意識した投資を積み重ねていくのもお勧めです。

5000万円から1億円超程度の大き目の一棟物件の取得が現時点で難しい（と、営業担当者などに言われた）人にとっては、地方・郊外の木造戸建の再生や、区分ワンルームの取得等で「種銭」を作ることができるものが、良い物件です。

このように、自分の立つ投資ステージで購入できるものの中で、現実に購入することができ、相場より安いものが、「良い物件」と言えるのです。

**A：どんな投資をしたいのか、できるのかという人それぞれの枠組みの中で、「相場より安く買える物件」が「良い物件」だと言えます。**

## Q34：投資用不動産を購入するにあたって「とても重要な点」と「さほど重要でない点」はある？

基本的に「完璧な不動産投資」「完璧な物件」というものはありません。どうしても、ある程度は妥協しなければならない部分というのは出てくるものです。そこでこの項では、どの点を妥協してはダメで、どの点はある程度妥協してもよいかについて解説していきたいと思います。

### ●絶対に妥協すべきではないこと

・「不動産業者（及び営業担当者）選び」――相談する窓口によって、投資のグランドデザインが大きく異なってきますので、特に初心者であれば、絶対に妥協してはいけない項目です。業者や営業担当者の良し悪しの選別方法などは「第4章　良い不動産業者に巡り合えれば勝てる」を参照してください。

### ●できれば妥協すべきではないこと

・「物件の積算評価」――積算評価の高さは、融資の判断に大きく影響します。バランスシートを意識した拡大を目指すのであれば、土地・建物のバランスを意識して、土地積算評価の高い（売買価格に近い）物件を取得するのがベターです。反面、相続対策の場合は、都心部のビルなど、実勢価格と積算評価の乖離が大きい物件が有効です。

・「道路付け」――道路付けとは、敷地と前面道路との関係のことで、道路付けによって建築できる建物の面積や条件が決まります。再建築ができないような道路付けは論外として、**土地の形や、道路と敷地の関係（接道・間口・奥行）については、将来的に更地としての販売や再建築を見込んだときに、大きな影響があります**。

ただし、賃貸運営そのものについては、駅距離や間取りなどのほうが重要です。あくまで収益物件としての保有、利回りでの売却（出口）を見据え、「道路付けは悪いけれども安く買える」というのであれば、あえて犠牲にするのも一手ではあります。

・「購入価格・利回り」――利回り計算の分母となる購入価格は妥協の許されないところです。ただし、固執するべきは単純な表面利回りではなく、キャッシュフロー（BTCF・ATCF）が重要です。続けて解説します。

・「キャッシュフロー」――**「結局手元にいくら残るのか」不動産投資の根幹はここです**。購入価格と融資の組み立てによって、同じ不動産でも、まったく違った収支になるので、特に注意が必要です。

例えば、利回りが8％の物件でも融資の金利が2％で組み立てることができればスプレッド（利ざや）は6％ですが、利回りが10％の物件でも融資の金利が4・5％であればスプレッドは5・5％となります。

ただし、資力・現金余力のある人（もしくは不動産業者）が、空室が多い・修繕が必要などの難有り物件を購入して改善する、ボロ戸建再生などでキャピタルゲインを狙う、といった投資も存在するので、購入時点のキャッシュフローが全てではありません。

・「将来的な売却のしやすさ（出口戦略）」――エリア、積算評価や築年数、建物の修繕状況などから融資付けの難易度は変わりますが、特に一棟モノで５０００万円を超える価格帯においては、現金での一括購入という投資家は多くないため、融資の組み立てが適わない物件＝将来売却しにくい物件となる傾向があり注意が必要です。

自分が将来売却する際、購入する側の立場となったときのことまで考え、「そのエリアであれば、どのくらいの利回り感ならお得だと思ってもらえるのか」「利回り以外では何が売り文句となり得るのか」などを最初にしっかり吟味することで、「失敗しにくい投資」となります。

## ●立地によって妥協すべきかすべきでないかが変わること

・「駅距離」――都市部においては、妥協してはいけません。今の時代、賃貸物件を検索するときには、「ＳＵＵＭＯ」や「ホームズ」などのウェブでの賃貸検索サイトを利用される人がほとんどです。

その際、よくやるのが、「○○駅、徒歩○○分以内」という検索。駅距離がその地域の許容範囲を超えると、表示すらされないため、リーシングに苦戦します。一方、郊外エリアにおいては、駅距離は大した要因ではなくなり、次の項目が大切になります。

・「駐車場」――特に郊外エリアなど、駅距離がある地域では妥協してはいけません。通勤のみならず、主婦のお買い物など生活全般において、車が足となる立地は数多く存在します。一方、都市部で駅距離が15分以内であったり、バスの便が整備され、バス利用が当たり前であったりと利便性でカバーできるエリアについては、必須ではありません。

## ●ある程度の妥協は仕方ないこと

・「融資面」――余程の大金持ちでもない限り、不動産投資は融資と切り離せません。融資の組みやすさはできれば妥協したくないところですが、細かく見ると、融資割合・金利・融資期間・金融機関の種別（都銀・地銀・信金・ノンバンクなど）について、どこかでの落としどころは必要となります。また、金融機関の選択についてこだわり過ぎは禁物です。低い金利で長い融資が組めるとしても、それに見合う物件が押さえられなければ「絵に描いた餅」に終わります。

**物件の取得に際してはスピード感を求められるため、将来的な借り換えや、金利交渉等も視野に入れ、入口時点での金融機関を絞り込み過ぎないようにしたほうが無難です。**

・「間取り」――最近のシングル物件を例に挙げると、「やや広めの1LDKが人気で、3点ユニット（風呂・トイレ・洗面が一体）の狭い間取りはやや苦戦」という傾向があります。

ただし、物件によっては間取りの変更（2DKを1LDKにしたり、バス・トイレを分離したり）も可能。また、人気のない間取りでも、そのぶん賃料を地域の下限に設定し、収益性が見込めるのであれば、投げ捨てるのはもったいない物件かもしれません。

## ●妥協しても構わないこと

・「築年数」――年数や金額にもよりますが、新築・築浅の物件よりも中古のほうが利回りは高いです。ただし、旧耐震（ざっくり言うと1981年以前）の建物は融資が組みにくいため、現金購入できるか金融機関へのパイプが強くない限りは初心者向きではありません。土地として見たときに、解体費用を見込んでも割安であれば、手を出したいところですが、プロ向きです。

・「建物の外観」――「どのくらいの費用で改善できるか」という点は検討が必要ですが、売却時に取り返すことができるのであれば、購入時点で外観に費用をかける意味があります。見た目が悪いことを理由に安く購入し、「お化粧をして販売する」というのはプロが得意とするところです。

・「室内の設備」――オートロック・モニターつきインターフォンやウォシュレット、IHクッキングヒーターなどは、比較的、**簡単かつ安価に後付けが可能**です。賃貸での決め手にはなるかもしれませんが、売買での決め手にするべきではありません。

以上が、不動産投資、物件選びにおける妥協すべきでない点、ある程度の妥協が必要な点です。もちろん、個々の物件の状況によってポイントは変わってきますが、ここに挙げた点は基本だと考えてください。

**A：「完璧な不動産投資」「完璧な物件」はあり得ないため、妥協すべきではない点、ある程度は妥協してもよい点の基本を把握しておいてください。**

## Q35：物件探しは「ネット検索」と「不動産業者直接訪問」のどっちが重要？

投資用不動産を探す初心者であれば、**まずはインターネット検索→不動産業者直接訪問という流れで、双方を活用すべき**でしょう。ネットだけでは物件の深い掘り下げができませんし、直接訪問だけではアプローチできる地域や業者の数が制限されてしまうからです。

「ネットを全く見ることなく、いきなり不動産屋さんを訪問する」――これについては、やってみても構いませんが、大海に向けて、とりあえず釣り糸を垂れてみるような感じ。稀に大当たりがあるかもしれませんが、効率が悪いのは間違いありません。

ネットを活用し、釣果の期待できるポイント、つまり物件情報や不動産投資絡みの情報を調べ、自分の目的に合った不動産業者に的を絞るのがいいでしょう。

また、物件情報の精査においても、地図はもちろん、物件によっては「グーグルマップ」の「ストリートビュー」で外観まで確認でき、不動産業者や金融機関との個人情報のやり取りもメールで行う時代です。かつてのＦＡＸ・郵送・訪問とはスピードが違うため、そういう意味でも基本的なネット検索やメール操作はできるほうがよいと言えます。

とはいえ、現在はまだ、メールでのやり取りができないような「超ベテラン（かなりの高齢）の現役不動産屋さん」も少なくないのがこの業界。しかも、そういった方々のところで、お宝物件が握られていたりすることもあるので、とりあえずの訪問もバカにはできません。

さて、ネット検索での物件探しの方法ですが、大きく、**「人に探してもらう」「自分で探す」の2つの戦略があります**。

「人に探してもらう」パターンでは、ネット検索でセミナー情報や収益不動産が充実したサイトを運営しているような「投資用不動産専門業者」に目星をつけます。そして、セミナーや、個別相談会への参加をメール・電話で予約して、直接訪問です。この方法はすでに本書で触れていますね。

ここで、物件の収集力・情報力のある気の合った営業担当者と出会い、味方につけることができれば、物件探しがすごく楽になります。また、物件を探してくれる人は1人に絞る必要はありません。複数名に常時探してもらえる態勢ができると、投資用不動産の検索サイトすら見なくても、自分向けにセレクトされた物件情報がメール・FAXでピンポイントに入るようになります。

ただし、500万円未満の戸建や区分ワンルームなど、価格帯の小さい物件を攻めるときには、「人に探してもらう」が、積極的に機能しません。

なぜなら、不動産は価格が大きいほど、介在する人たちも儲かる仕組みになっています。特に分かりやすいのは「仲介手数料」です。手数料のMAXは宅建業法で以下のように定められています。

・200万円以下の部分→取引価格×5%（＋消費税）
・200万円超〜400万円以下の部分→取引価格×4%（＋消費税）
・400万円を超える部分→取引価格×3%（＋消費税）
（※つまり1000万円の物件なら「（200万円×5%）＋（200万円×4%）＋（600万円×3%）」

と分けて考え、仲介手数料は36万円（税抜き）です）

例えば、２００万円の物件の仲介手数料は10万円です。売主と買主の両方から手数料を取得できる、いわゆる「両手」の物件でも20万円の手数料収入。一方、２億円の物件であれば、仲介手数料は、両手であれば１２１2万円という金額です（「片手」でも６０６万円）。

ただ、不動産の仲介業者が提供する仲介サービス自体は同じであるため、格安物件を仲介する費用対効果は著しく悪いのです。業者によっては、上司が「そんな物件に関わるな！」と指示したりもします。

よって、「自分が狙うのは価格帯の小さな物件だ」あるいは「もう初心者の域を出た」「購入する物件の方向性は定まっているからコンサルティング的な要素はいらない」――こういった指向の場合は、「自分で探す」アプローチが主体となります。

具体的には、「楽待」「健美家」などの投資用不動産ポータルサイトのみならず、「ａｔｈｏｍｅ」や大手仲介業者のウェブサイトなど、投資用不動産以外のサイトもチェックし、さらには大手仲介業者や地場の駅前不動産屋さんなど、「売買」に絡む業務をやっている不動産業者をネットで絞り込み、直接訪問する営業をかけてみるのもよいでしょう。

**まずはインターネット検索→不動産業者直接訪問という流れで、双方を活用すべき**

**Ａ：でしょう。ネット検索での物件探しは、ある程度の価格以上の物件なら「人に探してもらう」方法で、価格帯の小さな物件は「自分で探す」方法で行うのが一般的です。**

## Q36：そもそも「儲かる（優良）物件」が市場に出回るのがおかしいのでは？

「なんでこの物件、売主さんは売却するんですか？」

この質問は、個人投資家の方からもよく受けますし、不動産業者同士でも、やり取りの入口時点で確認する質問です。「儲かる物件、何も問題のない物件なら、売主が手放す必要がないのでは……？（実はダメな物件なんじゃ……）」そう勘ぐるのは当たり前の話です。

しかし、**「儲かる（優良）物件」は確実に世の中に出てくる**のです。これはなぜでしょうか。

以下は、投資用不動産の主だった売却理由です。

・「資産整理（投資物件の入れ替え）のため」――「木造アパートを売却し、その資金で都心部のＲＣを購入する」「一般法人が所有していた寮（資産）が不要になったため処分する」など。
・「利益を得る（確定する）ため」――「相場より安く購入することができたので、売却益を目的に販売する」「不動産業者による買取転売」「建売業者による販売」など。
・「損失を回避するため」――「デッドクロス（減価償却費が減り元金返済で赤字になること）を迎えるため、売却して次の物件に備える」「大規模修繕にお金をかける前に売却する」など。
・「相続の発生のため」――「現金化して兄弟姉妹で分ける」など。
・「管理が面倒なため」――「相続で取得したが不動産に興味がない」「高齢で自主管理がつらくなって

きた」「持っていること自体がわずらわしい」など。
・「債務整理のため」――「売却資金を他の事業の返済に充てる」など。
・「任意売却」――「空室が多くなり、返済のバランスが悪く耐えられず売却する」など。

このように、個人・法人・不動産業者共に、売却理由は個別の事情によるところが大きく、必ずしも「儲からない物件・問題のある物件だから売る」というわけではありません。人それぞれのタイミングによるのです。

「5000万円で購入した物件を5000万円で売却」などと聞くと、保有していた意味がないようにも思えますが、例えば、毎年300万円の利益を10年にわたって取得できていたのであれば、**売主サイドは3000万円のインカムゲインの積み上がりがある、つまり、儲かる物件なのです**（簡略化するため諸経費などは無視しています）。

また、急な相続で「それまで全く関与していなかったビルが自分のものになる」というケースがありますが、このように相続で急に引き継いだ物件は「購入価格」という概念がないため、「不動産の管理なんて一切分からないし、値下がりする前に現金に替えてしまいたい！」と考え、相場より安く売りに出されたりします。しかし、投資家やプロから見れば、「都心部の駅前立地で値下がりしなさそうなビルなのに……」というようなこともあるのです。

もちろん、「儲からないから売却する」パターンも決して少なくありません。

特に、一昔前の新築区分ワンルームなど、「不動産投資」と言いながら毎月数千円から数万円の持ち出し（給与所得から返済や管理費等を補填）が発生している人が、「今後10～20年と持ち出しを続けていくよりも、早めに損失を確定してしまいたい……」という判断で売りに出すこともあります。

この他、空室に耐えられずに任意売却となってしまった物件も、同様に「儲からないから」という理由で売りに出されるわけですが、**こうした物件でさえ、場合によっては「儲かる物件」に変わることもある**ので、「人が損した物件だから」という理由だけで投資対象から除外するのはもったいないです。

なぜなら、前述のような物件は、対象不動産の収益力に見合わない価格や借入で取得したのが問題であって、土地・建物という不動産自体に問題がないのであれば、適正価格（相場よりも安い価格）で購入すればＯＫだからです。

「金は天下の回りもの」と言いますが、不動産も「不動」という割にその所有権はグルグルと世の中を回っています。

そして、不動産を回しているのは人と人。個々人の事情によって物件を売りに出すタイミングや条件は異なります。このため、「儲かる物件」が市場に出てくるというわけです。

**A：「儲かる（優良）物件」であっても、不動産は個々人の事情によって売却されるものなので、確実に市場には「儲かる物件」は存在します。**

## Q37：本当に「良い物件」は業者が買ってしまうのでは？

前項の質問に近いですが、これもよく聞かれます。

そして、誤解を恐れず結論から言えば、**「その通り」**です。

特に、誰が見ても短期で利益が確定できるような、最強の優良物件は不動産業者が一瞬で購入していきます。

例えば、2012年に、価格が1億円、現況満室、利回り15％（物件の年収1500万円）で、立地は東京23区内、築10年（2002年築）のRCという物件が出たとしましょう。

こうした超優良物件は、まず目をつけた人（情報の川上の業者：以下「A社」とします）がすぐに買います。

ただし、不動産会社も多々ありますが、「じっくり保有して運用していこう（インカムゲイン重視）」という業者は、どちらかというと少数派。多くのプロはまず「出口」、つまり、「いくらで売却できるのか」を考えて購入し、いかに短期でできるだけ大きな利益を確定するかということに力を注ぐのです。

さて、A社は無事、前述の購入の契約を締結。そして懇意にしている不動産業者B社に「内々で……」と言いながら、早速話を始めます。

「今度、ウチで仕入れた物件なんだけど、○○区で、築10年RCって興味ありますか？　1億5000万円より上（の金額）なら売りますけど……」

A社は1億円で物件を購入したので利回り15％でしたが、1億5000万円だと、利回りは10％になります。それでも、この話を打診されたB社は、「その立地と年数・構造であれば、利回り7％でも売れる！」と考え、早速A社から購入しました。

この時点で、A社のキャピタルゲイン（売却益）は5000万円です（簡略化するため諸経費などは無視しています。以下も同様）。

そして、B社はレインズ（不動産業者が不動産情報を受け取ったり情報提供を行ったりするためのコンピューターネットワークシステム）にこの物件を利回り7％で掲載。すると、販売力のある（客付けに強い）C社という不動産仲介業者が、すぐさまこの物件を個人投資家の方々に紹介しました。

その中のDさん（個人投資家）というお客様が、23区内で築10年内のRC・一棟マンションを探していたため購入を決断。金額の交渉が入り、最終的には表面利回り7・5％での販売になりました。

物件自体の収益力は変わっていない（年間1500万円）として、7・5％で割り戻してあげると……そう、**売買された金額は「2億円」**です。

B社の売却益は5000万円。仲介に入ったC社は物件の売主B社と買主Dさんの両方から仲介手数料を取得できたので、税抜きで1212万円の仲介手数料収入となりました。

以上、不動産業界内でとてもよく見られる、業者同士（この例では最終的には個人投資家へ）の転売例です。

A社が1億円で購入した物件をDさんは2億円で購入しているわけですから、これだけ見ると、Dさんが大損をしているように見えますし、「こんなんじゃ、素人が不動産投資で勝つなんてムリでしょ……」と思ってしまうかもしれません。

しかし実際のところ、この時点でそれは未確定です。続いて、この転売物語の未来をシミュレートしてみましょう。

Dさんが物件を購入して、5年が経過しました。まだ築年数は古いとは言えず、立地も良好。そのため、満室運営を継続中です。これによって、返済を差っ引いても十分なキャッシュフローが出ています。

都内では、1998年築以降の一棟RC自体が市場に少なく、見かけたとしても表面利回りは5〜6%。また、東京オリンピックに向けて、ますます市況はよくなっています。

そんな中、Dさんは考えました。

「この物件も築15年近く、そろそろ大きな修繕をしていい頃かもしれない。保有していても儲けは出るだろうが、市況の良い今の時期の相場で売れるなら、それも一手か……」

そして、仲介業者を通じて、表面利回り6・5%でEさんへ売却することができました。売買金額は約2億3000万円です。

税金や諸費用を考慮しない売買差益は約3000万円ですが、保有していた間の賃料の積み上がりも収益です。融資を利用していたため、差し引きの手残りが5年間で1000万円とすると、**キャピタルゲインと足して4000万円**。実際には、購入・売却に伴う諸費用もあるため、ここまでの利益は出ないものの、トータルの儲けとしてはなかなかのものです。

ではその後、Dさんからこの物件を購入したEさんは、どうなったでしょうか……。これまた、この時点では未確定です。

冒頭でも書いた通り、「超優良！　即転売できる！」というレベルの物件は、不動産業者が一瞬で捕まえてしまうパターンがほとんど。これはもう、どうしようもありません。

個人投資家であっても、何度か投資用不動産を購入した後などで、不動産業者から「この物件、あの人なら絶対買う！」と、認識してもらえるほどであれば、場合によっては超優良物件の情報が川上の段階で回ってくるかもしれませんが、そうなるのは至難の業。不動産投資の初心者はまずムリです。

しかしながら、ある程度業者間で転売された後の物件でも、購入価格・融資の組み立て・保有期間などのバランスによって、**かなり儲かる物件を取得することは十分可能**なのです。

ちなみに、先ほどの例では、上昇相場によるキャピタルゲインが大きく貢献していますが、保有期間を長くして、インカムゲインで収支のバランスを取るのもアリだと思います。

A：超優良物件はプロである業者がすぐに購入してしまうのは事実ですが、これはもうどうしようもありません。それでも、購入価格や融資の組み立て、保有期間のバランスが取れた投資であれば、かなり儲かる物件も市場には出回ります。

## Q38：物件の「現地調査」ではどこを見ればよい？

不動産投資において、**物件の「現地調査」は「必須」と言っても過言ではありません**。

投資用不動産は足が早いため、中にはスピード重視で、紙やウェブ媒体の資料を頼りに購入の申込をされるお客様もいます。

心から信頼できる営業担当者がいて、「彼（彼女）が現地調査した物件なら絶対に間違いない。全て任せた！」「あの人になら損をさせられても構わない！」というのであれば別ですが、「一度見ていたら買わなかったのに……」というハズレ物件だったと購入した後に気づいても後の祭りです。

そのため、よほどの事情がない限り、購入前の現地調査はすることをお勧めします。

そんな現地調査における物件の見方のコツを、この項では解説していきますが、核となる要素は2点。1つは**「『入居者目線』で見たときに魅力はあるか」**、そしてもう1つは**「売買対象の不動産として見たときに問題はないか」**です。

これを前提に、以下、分野別に物件をどう見るべきか記していきます。

**●交通面の状況**

公共交通機関利用が前提のエリアなら駅やバス停までの距離を、また、自家用車メインのエリアであれば、主要道路までの道のりなどをチェック。特に、**駅まで徒歩の物件であれば一度自分で歩いてみる**

**べき**です。勾配（坂）や踏切・歩道橋の有無など、地図や図面からは読み取れない部分を確認して、入居者が嫌にならないかどうかを確かめましょう。

ちなみに、神奈川方面には、「駅6分」と書いてあっても「道のりほぼ階段じゃん！」という物件が結構あります。また、バス利用なら本数や最終便の時間も見ておくべきです。

### ●対象不動産の前面道路・接道間口の状況（一棟モノ）

特に小ぶりな木造アパートでは要注意な項目です。前面道路が狭ければ、セットバック（再建築時に道路にしなければならず土地が減る）の可能性があります。

さらに、自治体によっては、道路と土地の間口が短い場合、避難の観点から共同住宅が建築できないこともあるので要確認。そもそも、「車が入るのか？」というのもポイント。

### ●境界・越境物の状況（一棟モノ）

境界を示す「杭」や「石」など「境界標」が存在するかをチェック。境界標がないと、どこからどこまでが対象不動産なのか不明です。ただし、「なければダメ」ということではなく、ない場合は売主にて測量・復元してもらえるのか、それをしないなら金額の相談ができるのか、といった交渉材料になります。

また、境界が分かったとして、越境物の有無についても確認しましょう。植物、屋根の庇《ひさし》、アンテナなどの越境している・されているものがあると、融資の障害や売買後の隣地とのイザコザになりかねません。是正できるのか、隣地との覚書での対応などはできるのかなど、現地調査の後、不動産業者に確認するための材料になります。

## ●建物の管理状況

建物の外観や屋根、屋上、共用部分の階段や鉄部の塗装状況などのチェックです。傷み具合や修繕の形跡を見ることで、全体の大規模修繕が今すぐ必要なのか、どのくらいの時期にお金がかかりそうか、写真ではなくリアルな状況が把握できます。**目視で傾いていることが分かる物件もある**（「Q46・『物件広告』にも注意が必要?」173P参照）ので、そういう意味でも絶対に現地には行ってみるべきです。

加えて、掲示板などに貼られた管理会社からの注意事項などにも簡単に目を通しましょう。入居者や近隣居住者に迷惑行為をする人がいる場合などは、ここで気づくケースがあったりします（「タバコのポイ捨て禁止！」という貼り紙があるなど）。

また、エントランスやゴミ置き場、集合ポストや駐輪場などは、管理人・管理業者の定期的な清掃、維持管理が露骨に見える場所です。ゴミが散乱している、清掃が足りていないような場合は、**購入後の管理会社の変更を視野に入れてもよい**でしょう。

## ●入居状況

集合ポストを見るのが手っ取り早いです。使われていないポストと、レントロール（貸借条件一覧表）の空室を見比べるなどしてチェックしてみてください。できれば、各戸の電気メーターやガスの元栓まで確認するとよいでしょう。

## ●室内の状況（現況空室がある場合）

まず、間取図との整合性を確認しましょう。**そもそもの間取りが違うこともザラにある**のです。また、今すぐに貸し出せる状態なのか、原状回復工事・バリューアップの修繕工事が必要なのかをチェックします。特に、水回りなどの設備面とエアコン付設はコストが膨らみやすいので要確認です。

## ●物件の周辺環境の状況

大学や工業エリア、大規模商業施設の有無など、賃貸需要の要となる部分をチェック。また、葬儀場やお墓など、いわゆる「嫌悪施設」と言われるものについても、有無と「気になるか」の度合いをチェックしてください。また、近隣の新たな建築計画や、勾配による水の溜まりやすさなど、**現地周辺を歩くだけで判明することがたくさんあります**。

また、最寄り駅と駅周辺のボリューム感についても一度は見ておきましょう。利用者数はインターネットなどで調べればすぐに分かりますが、実際に利用者の老若男女の割合や駅周りの栄え方を自分の目で見ることで、賃借人のターゲットが変わってきます。加えて、次に同一エリアで検討物件が出てきた際に、駅・住環境から攻めるか否かを簡単に判断するための素地になります。

以上が、物件の現地調査で見るべき点をまとめたものですが、さらに、物件の近所や駅前などにある「賃貸メイン」の不動産業者を訪問し、**「このへんの場所・築○年・○構造の○DKで、いくら程度なら賃**

**貸が決まりますか？」というヒアリングが実施できると完璧**です。

それは少しハードルが高い……と思うのであれば、中に入らないまでも、不動産屋さんの窓に貼られている賃貸募集チラシを眺めるだけで、大体の相場が分かります。実際、これはプロでもよくやります。ともあれ、紙面やウェブに記載・掲載されている物件の売り文句は、当然ながら良い面を強く打ち出している傾向があります。現地調査を行うことで、その情報・根拠に間違いがないかが確認できるのです。

不動産はどれも一長一短があり、「完璧な物件」はほとんど存在しませんが、現地を確認すると、リーシングや売買において何か阻害要因がないか、あるならどうすれば改善できるのか、また、金額（指値）で解決できるものなのかなど、総合的に判断する材料が豊富に集まります。

最後に、現地調査時の必須装備ですが、まずはなんと言っても**「デジカメ」**。さらに**「メジャー」**があれば、前面道路や接道間口が怪しい場合に簡易計測できます。建物が古い場合は、**「水平器」**をあててみるのもよいでしょう。

なお、デジカメ・水平器・地図を兼ねてくれるスマートフォンは素晴らしいものの、カメラに関しては、暗い場所でのシャッタースピードや撮影距離の焦点などに難があるため、2～3万円程度のもので構いませんので、デジカメを用意しておくほうがベターです。

**A：「『入居者目線』で見たときに魅力はあるか」「売買対象の不動産として見たときに問題はないか」という2点を念頭に、ここに挙げた方法でチェックしてください。**

## Q39：「どんな会社が造った建物か」も重要？

例えば、大手ハウスメーカー施工の建物は、確かに良いものが多いです。ゆったりとした間取り、大きな窓、細かい部分の仕様など、その「質感」がステキな傾向があります。

このため、「建築業者」も本来であればじっくりと選定したいところではありますが、実のところ、**賃貸不動産経営にあたってはさほど影響がありません。**

「シャーメゾン（積水ハウス）だから入居を決めた」「入居するならへーベルメゾン（旭化成）」などと、建築業者のブランドで入居を決める人は少数派。区分マンションについても同様で、賃貸物件探しについては、賃料や駅距離、間取り・広さといった要素が多くのウエイトを占め、どの業者が建てたのかという点を気にする人はほとんどいません。

加えて、テレビCMで見かけるようなゆったりとした間取りのアパートは大変魅力的ですが、収益面から見れば、間取りを小さくして、戸数を増やしたほうが総収入は多くなる傾向です。

快適性や防犯性はもとより、耐震性能など目に見えないところについても、大手メーカーであれば安心度が高まりますが、日本では、「世界一厳しい」とも言われる建築基準法が施行されていますので、1982～83年以降の建築物であれば耐震性は期待できます。

このことは、東日本大震災である程度証明されたと思います。東北ほどではないにせよ、首都圏でも強く揺れましたが、「趣のあり過ぎるような中古木造アパートや戸建でも、倒壊せずに耐えた」という事実は強みです。

なお、中古物件の売買時、金融機関（オリックス銀行など）によっては、ハウスメーカーなど大手建築業者施工の建物については、それを理由に融資期間を法定耐用年数から超過する形で融資が得られることもあります。

融資期間の延長は、2~3年違うだけで返済額が意外と変わりますので、この点は大手業者施工によるアドバンテージと言えるでしょう。

そのため、同じ金額かわずかな割増しで取得できるなら、大手業者施工のアパート・マンションのほうがベターではあります。

ただ、室内の設備・内装・家具などは、ホームセンターの活用程度でもバリューアップできるもの。「どんな会社が造ったか」にこだわり過ぎるよりは、立地、利回り、積算評価など、他の項目に重点を置いたほうが良いでしょう。

**A：「どんな会社が造った建物か」は、賃貸不動産経営にあたってはさほど重要ではありませんので、こだわり過ぎずに立地や利回り、積算評価のほうを重視してください。**

# Q40：物件は「よく知っているエリア」で買うべき？

生まれ育った地元や、住んでいる家の近く、職場の近くなど「よく知っているエリアで投資用不動産を取得したい（そこから始めたい）」という人は少なくありません。

知っている地域だからこそ、「こういうふうなリノベーションをして、あの大学に持ち込めば賃貸は決まるはず……」、「地元出身ということをアピールできる大家ウェブサイトを立ち上げて、入居者募集と情報交換に活用しよう……」などと想像する人もいるでしょう。

気持ちは分かりますし、そうしたエリアに適正な物件を買えればラッキーですが、**こだわるべきではありません**。

不動産投資は、あくまでリターンを得ることが目的ということを忘れないでください。**「馴染みのあるエリア＝儲かる物件が集まるエリア」ではない**のです。

つまるところ、投資として成立するか否かが最重要項目であって、地元だろうと家から遠かろうと、お金が入ってくるならば、一向に関係ありません。賃貸運営が成立し、賃料収入の累計と将来的な売却を見越して「戦える立地」だと判断できるのであれば、極端な話、どこでも構わないのです。

特に、近頃のマーケット相場の上昇から、数字面で物件を絞り込むだけでも、投資として成立する物件が少なくなっている現在、さらに地元に限定してしまうと、そもそも購入できる物件が存在せず、いつまでたっても不動産投資に乗り出せないということにもなりかねません。

加えて、基本的に不動産投資は出口（売却）戦略、つまり、最終的に手放すことを視野に入れておかねばなりませんが、**下手に思い入れが強い場所で購入すると、購入・売却の判断が甘くなりかねないのです。**

もちろん、地元（住居に近い場所）に投資用不動産を取得するメリットがないわけではありません。特に、私が行ったような部屋のセルフリノベーションをしてみたいという方などは、資材の搬入などで頻繁に往来することになるので、通いやすいに越したことはないでしょう。

実際、住居の近くで増やしていくという「ドミナント戦略」を実施している方もいます。

ただ、やはりまずは儲かるかどうかを考えなければならないのが不動産投資。少なくとも日本国内においては、敷金の承継などの一部ローカルルールはあるものの、不動産取引の共通の法整備はできています。

こうした点からも、よく知っているエリアや地元に買うかどうかは条件の下位に置き、場所を問わず「儲かる物件」を探すほうが資産拡大のスピードが早くなるのは間違いありません。

**A：よく知っているエリアや住居の近くで購入するメリットもありますが、「馴染みのあるエリア＝儲かるエリア」ではないため、こだわり過ぎは禁物です。**

## Q41：物件を買う際は「地名」も気にしたほうがいい？

不動産投資において「地名」の要素は大きく2つ、**「融資付け」**と**「水害予想」**です。

まず、地名と融資の関係ですが、金融機関の担当者も人間です。**危険そうなエリアや、歓楽街として有名過ぎる場所については、当然警戒されます。**

一例ですが、東京近郊では渋谷の円山町や新宿の歌舞伎町、埼玉の西川口の繁華街、大阪エリアであれば、西成地区などは、それらのど真ん中にある物件については融資がつきにくい傾向です。

もちろん、不動産の投資用ローンは物件面と購入者の属性のセットで構成されるものですから、「そのエリアは絶対に組めない」というものではありません。ただ、地名を理由に即ＮＧとなることも少なくないので注意してください。

また、超簡易的な手法ではありますが、**地名を見れば軟弱地盤や水害予想ができます。**

「〜川」「〜谷」という名称や、「さんずい」のつく地名は、やはり低いエリアである場合が多いです。「渋谷」なんて、しょっちゅう駅前に水が溜まりますよね。一方、「〜台」というような名称は高い傾向があります（ただし、比較的新しく名づけられた「〜台」は地形と無関係なことが多いので注意）。

地名以外に「古地図」を見るという方法もあるので、参考程度にならば昔の地形を確認してみるのもいいかもしれません（地域によっては、「Ｇｏｏ古地図【http://map.goo.ne.jp/history/】」や「古地図コレクション【http://kochizu.gsi.go.jp/HistoricalMap/】」などのサイトで古地図が見られます）。

ちなみに、高低差だけを見るなら「グーグルマップ」を開いて、右上から「地形」を確認できますが、実は、単に「標高が高め」のエリアがいいかというとそうでもありません。例えば、神奈川県などは急傾斜地も少なくないため、地震による土砂災害の可能性もあるのです。

なお、地盤が軟弱なエリアにおいて、更地の購入や築年数が過度に古い物件を購入して建物を建築する際には、杭を深くまで打つ必要があったりするなど、コスト面が過大となる可能性があるため、注意が必要です。

また、「数年内の建替え」などを考慮しない不動産投資においては、水災も補填される保険に入ることで、万一のカバーをしておくのがお勧めです。

とはいえ、防災関連は気にし始めるとキリがないのが実情です。

東京都港区の西麻布交差点付近は、ハザードマップで一番濃い色になっていますが、それを理由に賃貸需要に陰りがあるかと言えば、ほとんど考慮されていません。

また、投資用物件の売買については、賃料を元にした「収益還元利回りによる価格形成」のウエイトが大きいので、売買価格にも影響は少ないです。

地名や地形については、適度に、ほどほどに気にするようにしましょう。

**A：「地名」は、「融資付け」と「水害予想」に関連します。融資付けについては、地名を理由に融資が即NGになることもあるので注意が必要ですが、水害などの災害については気にし過ぎても仕方ないので、「地名も多少参考にする」程度で十分です。**

## Q42：「物件を見る目」はどうすれば養われる？

これについては、**ひたすら物件の「数」を見る**ことです。

「ファクトシート」や「マイソク」などと呼ばれる物件情報が記載されたシート、あるいは概要書から情報を適切に拾う訓練も大切ですが、私たちが投資する対象は「現物」の不動産です。このため、物件の現地そのものを大量に見ている投資家や営業担当者のほうが、圧倒的に「見る目」が養われています。

もちろん、なんでもかんでも見にいけばいいというものではありません。自分が購入する方向性と全く関係ないものを見にいっても時間の無駄です。

自分の条件・好みに合う内容に近ければ、満点の物件ではなくても、現地の確認（調査）に行ってみましょう。所在地の分からない物件や、初めての見学などについては、不動産業者と一緒に、慣れてきたら不動産業者に連絡のうえ、1人で見にいくのもありです。

ただ、お客様が物件を見学する行為は、不動産業者の営業担当者にしてみれば購入を少なからず期待してしまうもの。よって不動産業者には、「まだ微妙だから無理に立ち会わなくてもいい」「とても気になる物件なのでぜひ現地を案内してもらいたい」など、購入の可能性を正直に伝えてあげた方が親切です。

このように、現地を見に行く数が増えてくると、世間でいうところの「勘」が働くようになります。

簡単なところでは、建物の平米数と戸数から、間取り（○DKなど）と「3点ユニットかどうか」など、すぐ推定できるようになります。また、物件を見にいったことのある駅の数が増えてくると、その駅を利用するエリアで物件が出てきた際に、賃貸需要の強さをイメージすることができるでしょう。

しかし、ここまでは単に「不動産」としての見方の慣れです。「投資用不動産」選定のための勘所は、これだけではありません。どこの金融機関と絡めて融資を利用できるか、それによってキャッシュフローが得られる物件なのか、将来的な売却を見込める物件なのか……こういったイメージができるかどうかが重要です。

ここを養うためには、最新の融資情勢の把握と、物件のシミュレーションについても数をこなす必要があります。

ともあれ、このように自分自身が「目利き」になるには、なかなかの時間と訓練が必要なため、**「目利きの営業担当者」を味方につけてしまうのがお勧め**です。

物件の日当たりや間取りの素晴らしさ、立地の強弱のアピールだけをひたすら繰り返すような営業トークをする営業担当者は力不足。不動産投資において、できる担当者とは、まともな投資用物件かどうかを素早く選別し、お客様に適した金融機関・融資と組み合わせて、具体的な収支をイメージさせてくれる担当者です。

このような営業担当者に出会うと不動産投資そのものが、ものすごく楽になるので、担当者がどんなふうにあなたに対して物件を紹介（営業）してくるのかも注意深く観察するようにしてください。

**A：物件自体は「数を見る」ことである程度見る目が養われますが、投資用不動産の場合はそれ以外の要素も多いので「目利きの営業担当者」を探すほうが早いです。**

## Q43：物件の値引き交渉のコツはある?

不動産については、実際に値切れるかどうかは別として、「金額交渉して当たり前」という雰囲気があります。

「いくらで購入するか」によって、不動産投資の組み立ては大きく変わりますので、ここは重要な部分です。株式投資と同様、価格交渉は、「指値《さしね》を入れる」「指値の交渉をする」などと表現します。

さて、買主顧客としての値引き交渉のコツは**「売却理由の把握」「残債額（ローンの残り）の把握」「買付（申込）価格の根拠」**の3つです。

まず、現所有者（売主）はどんな理由で売却するのか、ここを掴むと、金額交渉の可能性を探りやすくなります。相続で引き継いだものを売るのか、金融機関から売れと言われているのか、利益を目的に高く売ろうとしているのか……その背景を把握します。「〜という理由からの売却なので、金額を入れてみてください」なんて言われたらチャンスだと言えます。

また、売主さんの残債額の把握もしておきたいところ。ローンの残りが返せないために、売りたくても売れない人は意外と多いのです。

これについては、「登記簿謄本（現在事項証明書）」を取得することで、確認できます（自分で取得しなくても、不動産業者に手配してもらえます）。対象不動産に絡んだ借入れがある場合には、「乙区」という項目に「いつに、どの金融機関から、どのくらいの金額を借入れたか」ということが記載されます。

ここから、「価格交渉の最下限」が探れます。「物件を売却してすっきりしたい」という人であっても、ローンの残債務を返すために数百～数千万円を持ち出してまで売却したいという人は少数派です（そんな物件は、持っていることがよほど負担になっているのでしょうから避けたほうがいいかも……）。

ただもちろん、残債を上回れば売ってくれるかというと、そういうものではありません。ここで必要になってくるのが、買付（申込）価格の根拠です。相手が不動産業者であれ個人であれ、何の根拠もなしに安過ぎる指値をぶつけても、嫌われてしまいます。

また、「やりすぎ」も禁物。シミュレーションをガッツリ見せて用語解説をしたり、物件の悪いところを箇条書きにして、金額交渉に臨んだりするのは得策ではありません。

売主の立場になってイメージしてみてください。自分の売りに出している物件をけなしまくって、「儲からない物件だ！」と言ってくるような人には、買ってほしくないですよね。

ただし、価格交渉を「するのはタダ」であることも事実。建物の現地調査をした際に必要な修繕工事をチェックする、空室が多ければ募集に関するコストを想定するなど、経費面からのアプローチと、積算評価や組み合わせる金融機関との収支バランスなど、資産性・収益面から、交渉金額の適正さを「適度に」アピールすべきです。

なお、買付（申込）を入れる際、入れた指値の適正性については、口頭や電話・メールの文面などで簡単に説明する程度で十分です。

さて、値引き交渉のコツは以上の通りですが、実際のところ、どこまで下がれば、「買い」と言えるのでしょうか。

買い手側から見た「適正な金額」とは**「投資として成立する金額となっているか」**です。

仮に、1億円の物件が5000万円になったとしても、その物件の「収益力に見合う購入価格」が3000万円では意味がありません。

したがって、単純な表面利回りだけではなく、融資との組み合わせによるキャッシュフローや将来的な売却時のキャピタルゲインによる回収など、シミュレーションの組み立てが成立する購入金額を前もって算出しておきましょう。

ときには、価格の交渉をする必要がないほど割安に思えるような物件が売りに出ますが、こうしたケースでは、買付が殺到してオークション制になることもあります。そんなときには、逆に「いくらまで買付金額を上げられるか」を考えなければなりませんが、この場合でも「投資として成立する金額かどうか」という目線で判断することが大事です。

購入金額を抑えることは投資として有効ですが、そこに固執しすぎて、そもそものチャンスを逃してしまっては意味がありません。買付を入れる際には、自分の融資の組み立てで「どのラインなら買い」なのか、上限・下限を設定しておきましょう。

**A：買い手としての値引き交渉のコツは「売却理由の把握」「残債額（ローンの残り）の把握」「買付（申込）価格の根拠」ですが、価格が下がったからと言って必ずしも優良物件とは言えません。「投資として成立する価格かどうか」が重要です。**

## Q44：条件が「良過ぎる」物件には裏がある？

結論から言うと、**裏があることが多い**です。特に、物件情報を「パッと見」したときに、高利回りの物件には、大抵何かあります。それも嫌というほどに……。

「楽待」などに登録すると、日々、物件情報がメールで届きます。中には、「おっ、この利回りは！」という物件も見かけるのですが、期待してウェブサイトに飛ぶと、ガッカリすることが少なくありません。

次に挙げるのは、目を引くような高い利回り感に設定されている物件でよく見かけるものです。

「借地権の物件」「シェアハウス」「ラブホテル」「再建築不可」「古過ぎる」「田舎過ぎる」「違反建築（建ぺい率・容積率オーバー）」「事務所、店舗、住居の混在で住居以外の賃料ウエイトが大きい」「現況の空室が過大」「ビルなのに立地が弱い」「賃貸需要がとても弱いエリア」

これらは、完全にうまい話の「裏」というわけではないのですが、「融資の利用が難しい」「立地を考えると満室稼動にハードルがある」など、結局のところ、売買の際に安くしか売れない（利回りを高くするしかない）物件がほとんどです。

逆に、このいずれにも該当せず、価格だけが安い（利回りが高い）場合は最高……ではありません。

もちろん、不動産投資において、「購入価格の安さ」は正義です。それが全てではなくても重要な事項であることは間違いありません。ただ、注意するべきは、ここで言っている「安さ」とは、単純な金額の大小ではなく、**「価値に対していかに安いか」**です。

「200万円の戸建」や「10万円の区分ワンルーム」など、価格帯が小さいだけで、決して安くない物件も存在します。周辺にも同規模で100万～150万円の戸建がゴロゴロしていれば、200万円でも高いですし、毎月5万円の維持費がかかるような昔のリゾート区分ワンルームだと、購入価格が1万円でも投資案件として「安く」はありません。

なお、いろいろ調べたうえでなお「安過ぎる」物件も、相当疑ってかかる必要があります。「実は近所の大学の移転が決まっていた」「外部の借り上げ駐車場があってキャッシュフローはそれほどでもない」「建物が傾いている」など、何か隠された条件がないか、営業担当者に確認してみましょう。**「あまりに安く（利回りが良く）感じるんですけど、何か理由があるんですか？」と素直に聞くだけで構いません。**理由があれば、「実は……」という枕詞から、いろいろ出てくることでしょう。

ただし、「裏」があったとして、それを踏まえても投資用不動産として儲かる可能性があるのなら購入を検討してもいいでしょうし、そうでなければ見送るべきです。

ちなみに、中には、不動産業者が「値付けのミス」をすることがあり、本当にそれなりのいい物件を格安で取得できるラッキーなケースもありますが、これは本当に稀なケースだと思ってください。

> A：高利回り過ぎる物件は「裏」があることが多いです。ただし、何か理由がある場合でも投資用不動産として儲かる可能性があるなら、購入を検討してもいいでしょう。

## Q45：「ぜひ買うべき物件」や「できるだけ買わないほうがいい物件」を見分けるポイントはある？

**「将来的な売却（出口）が見込めるかどうか」**が物件選びのポイントです。言い換えれば、それさえ外さなければ大きなハズレはありません。

そういう意味で、「ぜひ買うべき物件」の具体的なポイントとしては、以下のものが挙げられます。

「立地的な優位性がある（都心部で駅に近いなど）」『道路付けが良い」「利回りが良い」「積算評価が高い」「築年数が新しい」「満室稼動中」

これら全部が満たされたら素晴らしいですが、内容の良さと極端な割安感が同席していると、前項のように「裏がある」可能性が高いので注意してください。全部とはいかずとも、1つの項目が突出して良いか、2つ3つの項目がほどほどに満たされていると、将来の売却を見込みやすくなります。

一方、「絶対買ってはいけない物件」の具体的なポイントとしては、以下のものが挙げられます。

「高過ぎる」「賃貸物件として適さない」「再建築不可の物件」

対象不動産の収益力に対して価格設定が高いものを掴んでしまうと、保有時だけでなく、売却時に苦戦します。毎月のキャッシュフロー、インカムゲインだけの話だけではないのです。

ただ、表面利回りが6％の物件でも、所在するのが都心の一等地の場合など、マーケットで表面利回り4～5％でも売買が成立するのであれば、それは決して「高過ぎる」とは限りません。

また、一見表面利回りが高くても、満室稼動が期待できないような賃貸需要の弱いエリアであったり、店舗と住居が混在していて1階の店舗が退去すると収支が回らない物件であれば、保有中のリスクが高くなるだけでなく、売却時にも苦戦します。

再建築不可の物件については、「Q25・不動産投資における『特殊な物件』の特徴とは？」（98P参照）でも書きましたが、建物のみが違反建築となっている物件などは、将来的に積み立てたキャッシュフローから建替えを検討する、更地での売却を見込むなど、先々の売却についていくつかのパターンを想定できるので、価格次第では検討の余地ありです。

ただし、接道が2メートルに満たないなど、「根本的に再建築不可」の場合は別。建替えができないうえ、土地を売り抜けることも容易ではなく、流動性が極端に低くなるため手を出さないほうが無難です。

人によって不動産投資の目的は異なりますし、何か1つを満たせばいい（満たしていないからダメ）というものではありませんが、ここで挙げたポイントは「将来的な売却（出口）が見込めるかどうか」に大きく関わるものなので、参考にしてください。

**A：「将来的な売却（出口）が見込めるかどうか」を前提条件に、「ぜひ買う」か「買わないほうがいい」かを判断するようにしてください。**

## Q46：「物件広告」にも注意が必要？

不動産と言えば「誇大広告ギリギリのライン」が甚だしい業界ですが、投資用の収益不動産の販売に際しても、**お客様が「これはいい話だ！」と思わず食いつくような内容のものが多い**です。

ただ、「あからさまな嘘」の広告というのは少なく、思わず「上手いなー」と思ってしまうほど。

セミナー呼び込みの広告などでは、「簡単」「誰でも」「安定収入」といった敷居の低さを謳ったり、「毎月○○万円の家賃収入！」と表記したりと、訴求力のある文言が並ぶものの、決して「儲かります」とは書いていないのです。とある投資用不動産業者は、「頭金0円でも成功できる不動産投資？」といったコピーを用いていますが、最後の「？」マークは秀逸ですね。

では、収益物件を扱う不動産業者の広告として良く見かける具体例と、その「裏側」について解説していきましょう。

・「フルローン、オーバーローンお任せください」――自己資金を出さずにできる人やできる物件も〝中には〟ありますという意味。全ての人・物件でできるわけではありません。

・「ローンのアレンジお任せください」――金融機関の融資組み立てが得意だという意味ですが、場合によっては大きな額を引っ張るために金融機関に提出する物件価格に細工したり、金融機関の信用を上げるためにお客様の通帳（金融機関に提出するもの）の残高に細工をするサポートを行うなど、グレーな行為が見られることもあります。

・「低い金利（1％台）で融資が利用できます」――新築や築浅物件の場合、かつ購入者の属性によっては利用できます。「都市銀行などで融資が利用できる人」のイメージです。誰でも、どんな物件でも低金利で組めるわけではありません。

・「長い借入期間」――長期で融資を受けたほうが、毎月の返済は少なく、キャッシュフローは良くなります。しかし、低金利と同様、どんな案件でもできるわけでなく、物件（特に構造と築年数）と人の組み合わせ次第です。

・「家賃保証で安心」――「35年空室保証」などを謳いますがデメリットもあります。「Q60・『サブリース契約』も検討すべき？」（222P）を参照ください。空室リスクがない反面、相場より安い賃料になります。

・「高い入居率」――不動産管理会社がウェブサイトに掲載する入居率は95％や98％などとなっていることが多いですが鵜呑みは禁物。管理会社によっては、入居者退去から1ヶ月経過した時点で空室扱いにしたりするなど、基準がまちまちなのです。

・「完全未公開物件多数」――レインズに登録されていない物件を俗に「未公開物件」と呼んだりしますが、顧客に対して開示されている時点で、「完全な未公開」とは程遠い状態と言えます。そして、本当に誰にも公開されない（できない）物件であれば、それはもはや売り物とは言えませんよね……。

・「外部専門家とのネットワークが充実」――普通の不動産業者であれば、司法書士や土地家屋調査士、金融機関など、職務上で外部の専門家とネットワークがあるのが当たり前です。

・「仲介手数料0円」――仲介手数料がない分「安そう」ですよね？　でも、売買代金に乗せればいいだけの話です。

以上が、全体的なコピーの裏側ですが、これらはどこでも謳っているような宣伝文句なので、まあ仕方がありません。むしろ、**個別の物件の広告や販売図面について「良過ぎる」ものは注意が必要**です。

実際、不動産業界にいる私が、電話で確認までしたにもかかわらず「引っかかった」ことがあります。

以下は、千葉県松戸市の、とある一棟アパートの物件概要。

「2000万円台前半」「新松戸駅10分内」「実勢価格と路線価がほぼ変わらない（融資が受けやすい）」「利回り18％（！）」「昭和62年築の木造」「12室中10室入居」「土地値（建物代はタダ）」「瑕疵担保免責」

利回りはもちろんですが、概要に記載されている情報の上では、私の投資判断を全てクリアしている超絶物件です。ただ、「良過ぎて」怪しい……。早速、電話です。

私「この物件検討したいと思っています。安く感じるんですけど、何かあるんですか？」

業者「木造で築28年経ってるから老朽化していまして……売主さんも相続で取得したので、あまり思い入れもないんですよ」

私「そうですか、すぐに見に行きます！　現金決済含めて検討しますので、ぜひ優先を！」

期待し過ぎてはいけないと思いつつも、業者さんの相場観がなくて値付けを間違えたのかな？　これで買えたらラッキーだな～と、自分の中の盛り上がりは最高潮。そしてすぐさま現地確認に行きました……**建物が傾いている！**

隣地（エントランスからみて奥）に水路が通っており、うっすら予想はできたものの、土地を支えている壁が完全に膨らんでいたのです。

壁の上に乗った鉄柵は用水路側にたわんでおり、人が通れるほどの隙間が発生。1階の廊下に行くと、なぜか足場に使われる鉄パイプが組まれています。よく見ると、2階共用廊下が「落ちてきている」のを足場パイプで支えている状況です。

恐る恐る2階に上り、廊下を歩くと傾き加減がものすごい……。そして、トドメは掲示板です。

「入居者各位：建物老朽化による契約更新業務の停止並びに新規募集停止のご通知」

内容を要約すると、「建物を取り壊すので新規入居者の募集は停止。そして既存入居者とは契約更新業務を停止し、1年間の期日をもって賃貸借契約の解除をお願いする」とのこと。

半日も取られてこれかと、さすがに頭にきましたが、業者には凍った笑顔で言いました。

私「傾いてるって最初から言ってくださいよ～」

業者「言いましたよ。『建物は老朽化しています』って」

私「いやいや、『老朽化』と『傾き』は別物でしょう。概要にも記載しないのはどうなんですか？」

業者「だから、概要には『土地値』って書いてあるでしょう！」

私「……（こいつは）」

私は呆れ果て、「もういいです！」と帰りました。

このように、物件の誇大広告、及び口先・言い回しで客寄せだけやろうとする業者、最悪です。

こちらとしては、「自分の代わりに動いてもらえる味方」として業者さんを頼りたいにもかかわらず、誰が見ても一瞬でヤバいと判断できる物件を「ただの老朽化」「入居状況もぼちぼち」などと、表現するようでは、信頼も何もあったものではありません。

もし、このような業者から物件を購入してしまうと、後で何かあったときにも、「『瑕疵担保免責』って言ったでしょ」「現況有姿（リフォームなどをせずそのままの状態で引き渡すこと）って書いてあるでしょ」など、様々な言い逃れをされてしまうことは容易に想像できます。

したがって、**「物件が広告と全然違う」あるいは、「営業担当者の言い訳が多い」と思ったら、そんな業者とは付き合わないのが無難**です。

A：大体の宣伝文句には「裏側」がありますが、これはもはや仕方がないことも言えます。特に注意が必要なのは、個別物件の悪いところをちゃんと説明しない業者。怪しいと思ったら、付き合わないのが無難です。

# Q47：優良物件の情報を得るための「裏ワザ」はある？

残念ながら、「裏ワザ」と言うほどのものはありません（あったらすでに不動産業者がやっています）。

投資用不動産の仲介営業担当者が実際にやっている一般的な物件情報の収集法は、「レインズを見る」「『楽待』『健美家』『不動産投資連合体』などを見る（メール登録して情報を待つ）」「不動産業者（他社）のウェブサイトに登録する」「不動産業者を訪問する」「不動産業者に電話・FAX・メールする」「競売に参加する」「弁護士事務所や税理士事務所にアプローチする」などです。

つまり、個人投資家でもできるような、極めて**「普通の」アプローチしかしていない**のです。

とはいえ、投資用不動産の情報をいかに引き寄せるかと四六時中思考を巡らしているプロと、本業が他にあって、週末など少しの時間しか使えない人とを比べると、やはりアプローチする数とスピード、語彙や経験に雲泥の差が生まれます。

そういう意味でも、信頼できる不動産業者（営業担当者）を見つけ、「自分が求めているのはこういう物件だ」「この物件であればこのくらいの金額なら検討したい」などといった条件をしっかりと伝えていくことが重要になります。これを繰り返すことで、営業担当者にイメージが浸透していき、自分の方向性に合った物件が集まってきます。

なお、情報の紹介者のポジションは、極力、**情報元（情報の川上の業者など）であるほうが望ましい**です。

物件情報がお客様のもとに来るまでのルートは様々です。売主から媒介契約（販売の依頼）を受けた不動産仲介業者（「物元《ブツモト》」と呼ばれます）であるケース、その仲介業者から情報をもらった客付け側（買主側）の仲介業者であるケースもありますが、その他にも、客付け側（買主側）の仲介業者からさらに情報をもらったブローカーであるケースや、売主が不動産業者で直接販売するケースなど……。

このように、物件・売主までの「距離感」はルートによって大きく異なりますが、基本的には、情報の大元である「物元」や「売主」の不動産業者さんを掴まえるのが理想的です。

ただし、その物元業者や売主業者が個人向けの不動産投資・投資用ローンに精通しているかどうかまでは分かりませんので、情報ルートのみならず、やはり不動産業者や営業担当者の良し悪しも含めての検討が必要になります。

また、適正な価格で優良物件が取得できるのであれば、それが不動産業者による転売の形であっても、物元業者の情報でなくても、きちんと買えるのであれば関係ありません。

ちなみに、情報の川上のほうがいいのなら……と、**直接個人の売主を訪ねる行為、これは「ナシ」です**。

あなたが売主の立場であった場合を想像してみてください。販売に出した直後、知らない人が訪ねてきて、「物件に興味があったので、自分で謄本調べて来たんですけど……」なんて言われたら、ちょっと恐くないですか？

「どこの誰が持っているのか」という情報は公になっていますので、法務局の登記情報を取得すれば、手紙や訪問によるアプローチ自体は可能です。

実際、これに注力している仲介業者もあります。販売中の物件の謄本を取得して「ウチにも売らせてください！」という動き（仲介業者の「〝ヌキ行為〟」として有名です）のことです。露骨にやると非難される行為ですが、大手仲介業者でも明に暗に実行されています。

ただし、売主側の「高く売りたい」と買主側の「安く買いたい」という相反するところを自分が有利なように調整するテクニックを持ち、「重要事項説明書」や「売買契約書」の作成に精通しているのは、不動産業者だからこそ。一個人がこれをやるメリットは少ないのです。

もちろん、売主と買主との直接売買であれば、仲介手数料は発生しません。ただし、仲介手数料の上限は400万円以上の物件なら取引価格×3%+消費税。

決して安い金額とは言いませんが、「不動産投資事業」として見れば、3%の手数料をケチるよりも、仲介業者に頑張ってもらって、売買金額自体を5%でも10%でも下げてもらったほうが圧倒的に有効です（仲介手数料も売買価格の掛値なので下がります）。

また、仲介手数料を気持ちよく（気前よく）払うことで、仲介業者に「ちゃんと払ってくれる良いお客様だ。ぜひまた買ってもらいたい！」と認識させることができます。

一度限りの付き合いで構わない、もうこの業者とは関わらない、というのであれば手数料交渉を徹底的にやってみるのもよいでしょう。ただし、狭い業界ですので、極力「味方」を増やしておいたほうが、結果的にその後も良い情報が集まりやすくなります。

物件の売主が知人・友人であるような場合でも、大きなお金が絡むことなので、建物に不具合があった際の責任の範囲・負担や、融資・決済の段取りなど、お互いに精通していない限りは、仲介業者に入ってもらったほうが安心できます。

つまり優良物件の情報を得るために重要なのは、やはり**良い情報を提供してくれる不動産業者・営業**

**担当者を増やしていくこと**。これにより、自分に向いている物件情報が恒常的に入ってくるようになります。特に、一度スムーズな購入があった後には、さらに積極的な物件紹介、より水面下の情報提供が期待できるようになるのです。

Ａ：優良物件の情報を得るための「裏ワザ」と呼べるものはなく、基本的には良い情報を提供してくれる不動産業者・営業担当者を増やしていくことが重要です。また、情報の紹介者はできるだけ情報元（情報の川上の業者など）が望ましいですが、だからと言って個人の売主に対する直接の接触はお勧めできません。

# 第6章
# 良い融資を受けるために知っておきたいこと

## Q48：どうやって金融機関から融資を受けるの？

よほどの大金持ちでもない限り、投資用不動産の購入と切っても切れない関係にあるのが「融資」です。投資用不動産のローンについては、**「個人資料」と「物件資料」を金融機関に提出し、融資の判断を仰ぐ**ことになります。

「住宅ローン」であれば、個人の年収・年齢・借入れの有無に圧倒的なウエイトがあるため、それだけでざっくりと融資の可否が判断できます。

一方、不動産投資における融資については物件面のウエイトが大きくなるため、その難易度は格段に高くなります。極端な話をすると、年収がかなり低くとも、飛び抜けた優良物件であれば融資を受けられるかもしれませんし、年収1億円超の人でも、再建築不可の物件であれば融資は下りないかもしれません。

さて、都市銀行・地銀・信金・ノンバンクなど、金融機関自体は多いですが、実際に不動産投資に理解があり、投資用のローンの組み立てが成立するところはそこまで多くありません。

そこで気になるのが、自分で金融機関を探したり交渉したりしなければならないのか？　という部分ではないでしょうか。

ローン契約は、正確には「金銭消費貸借契約」、俗に「金消」という名前で通っている契約です。ローン契約（金銭消費貸借契約）自体は、あくまで「借入れする本人」と「金融機関」との契約であるため、そのタイミングで金融機関担当者との物理的な接触があります。

また、融資の確定前に事前面談が必要な金融機関もありますので、「一切やり取りなし」ということはありませんが、これらは、融資がほぼ固まるであろう時点での動きです。

つまり言い換えれば、**ローン契約時以外のほとんどは不動産業者に動いてもらうことができます**。

投資用の不動産に特化した不動産業者であれば、不動産投資用ローンの窓口となる金融機関を押さえています。投資用物件を扱う不動産業者経由で、金融機関に個人資料（源泉徴収票や確定申告書・ローンの残高証明や通帳写しなど）を持ち込んでもらうというやり方が無難でしょう。

というのも、（あくまで優秀な）投資用物件を扱う不動産業者（営業担当者）は、「この物件で、このお客様の『属性』であれば、この金融機関で見込みがあるだろう」といったことが的確に判断できるため、**よい条件での投資が成立する融資が組める確率が大幅に上がります**。

また、条件のよい投資用物件が出てきた際は購入希望者が殺到してしまうこともあるので、信頼できる営業担当者に、確定申告書や源泉徴収票、さらには認印まで預けて任せているようなお客様も少なくないのがこの業界。「優良物件はすぐさま押さえたい！」という点を優先するなら、金融機関との直接のやり取りはタイムロスにさえなりかねません。

前述の通り、最終的な融資の可否については、「物件資料」「個人資料」の両方を金融機関に持ち込まないと分かりませんが、「金融機関は自分にお金を貸してくれるのか？」「どのくらいの価格帯まで可能性があるのか？」「期間や金利は一般的にどのようなイメージなのか？」程度は、投資用に特化した不動産業者からとりあえず教えてもらうことも可能です。

いきなり金融機関に訪問して直接ヒアリングするのも一手ですが、物件も決まっておらず、自己資金などの資料もない状態では、「ふわっとした回答」でいなされるのが関の山。また、1つ2つの金融機関を回っただけで、「なるほど！　これ（条件）に合う物件を見つければいいのか！」と、探す物件を絞り込み過ぎてしまうと、投資する機会そのものが現れないことも少なくありません。

なお、物件を早く押さえることよりも、融資条件の「金利」「期間」「融資割合」をひたすら追求したい場合や、物件面・個人属性面から不動産業者の積極的な協力が得られない場合については、自分で金融機関と直接やり取りしていく必要があります。

こうしたケースでは、可能性は高くないものの、足を使い数々の金融機関を回ることで、良い融資の組み立てができることもありますし、直接金融機関に融資の相談をすることは、経験値を積むためには有効だと言えます。

しかし、やはり特に初心者の方の場合は、金融機関からの融資を付ける動きよりも先に、**融資付けに強い不動産業者や営業担当者などのブレーン（味方）を見つけることを優先**したほうがよいでしょう。

**投資用不動産のローンについては、「個人資料」と「物件資料」を金融機関に提出し、**
**A：融資の判断を仰ぎますが、特に初心者の場合は、いきなり金融機関を訪れるのではなく、まずは融資付けに強い不動産業者や営業担当者などを見つけるべきです。**

## Q49：どういう人はどういう金融機関を選べばいいの？

前項でも書いた通り、投資用不動産のローンでは、「物件」と「個人属性」の両方が重要です。よって、**金融機関や融資の選択も、個人属性と物件の組み合わせによって異なります**。この2点がフワフワした状態では、「どの金融機関のどの商品が最高！」とは言えません。

では、金融機関によって違ってくる部分はどこかですが、大きく変わるのは、「金利」「期間」「融資額（融資割合）」「融資限度額」「物件の評価方法」「完済年齢」「銀行手数料」「繰り上げ返済手数料」「融資対象エリア」「属性基準（人物面）」「団体信用生命保険の有無、カバーされる金額、金利への上乗せ」「連帯保証人」「法人の可否」「融資対象物件種別」「申込から実行までのスパン」などです。

このうち、「金利」や「融資期間」については、すぐに思いつくかもしれませんが、その他の項目も疎かにできないところです。

このあたりについて、もう少し具体的な話をしていきましょう。

まず、「融資を受ける人」と「金融機関」の関係では、以下のようなことが生じ得ます。

・50歳超の人であれば、完済年齢が75歳で見られてしまう金融機関の場合、たとえ物件が新しくても、融資期間の制約を受けることになります。

・団体信用生命保険が必須のところであれば、自分に万一のことがあったときには、借入れがチャラになって妻子に財産を残せる可能性もある反面、以前に大きな病気をしたことがあるなど、健康不安があるような場合には、融資の取り組み自体が否決されます。

・「配偶者がいる場合は連帯保証人必須」というパターンも少なくありません。「妻の理解が得られなくて……」と嘆いている方も見かけます。奥様が積極的でない、むしろ不動産投資に反対という場合は、ここが大きな障害となります。

・資産管理法人への融資可否も金融機関によって大きく異なるところです。規模のある不動産を法人で購入・取得することにこだわる場合は、入り口時点で確認が必要です。

次に、「物件」と「金融機関」の関係では、以下のようなことが生じ得ます。

・融資期間は、構造ごとの法定耐用年数から築年数を差し引いた残存期間で見るところが一般的です（RC47年、鉄骨34年・27年、木造22年、軽量鉄骨19年などから経過年数を差し引く形）。この原則論のみだと、中古の投資用物件、特に木造アパートなどは流通しにくくなってしまうのですが、「法定耐用経過後の木造でも30年の融資期間」、あるいは「鉄骨・RC造で新耐震以降の建物なら25年の融資期間」という金融機関もあります。逆に、RCでも「30年から建築後の経過年数をマイナス」という形で、法定耐用年数より短く見られる場合まであるので注意が必要です。

・融資金額については、売買金額の100％が上限という金融機関がある一方、「金融機関評価と売買価格の低いほうの90％」など、希望するラインまで全く届かないというケースも少なくありません。

・金利がとても安く、長期で借入れが可能な金融機関があったとしても、「融資対象となるエリアがその支店の数キロ以内」など、別の制限が厳しければ、そもそも利用する機会がなかったりします。

もちろん、「年収が高く、金融資産も多い方」については、金融機関も大好きなので一番選択肢が多く、有利な条件の融資を活用できる可能性が高くなります。

年収１億円超・自己資金１億円の方が、「新築で積算評価も出て利回りも良い物件」を検討されるような場合であれば、都市銀行を含めて選択肢は豊富となりますが、そのような「両方バッチリでどこでも通る！」という案件はとてもレアです。

実際には、借入れ希望者の人物的な属性面、及び投資対象となる物件の属性面の両面から様々な制約が設けられるためさほど選択肢は多くなく、「あそこかあそこなら審査が通るだろう」というピンポイントな組み立てのほうが多い傾向です。

したがって、やはり**自分の「個人属性」と「購入を検討する物件」をはっきりさせて、融資付けに強い不動産業者に相談してみるのがいいでしょう**。

最後に、個人属性と金融機関の組み合わせ、物件と金融機関の組み合わせのよく見る例を挙げておきます（関東圏において認知度の高いところです）。

【個人属性（年収）】３００万円前後↓【金融機関】公庫
【個人属性（年収）】４００～７００万円↓【金融機関】ＳＢＪ銀行

【個人属性（年収）】７００〜１５００万円↓【金融機関】スルガ銀行・静岡銀行・地銀・信金他
【個人属性（年収）】１５００万円以上かつ潤沢な自己資金↓【金融機関】都市銀行（三井住友銀行、りそな銀行他）

【物件】中古区分ワンルーム↓【金融機関】オリックス銀行・ＳＢＪ銀行
【物件】新築区分ワンルーム↓【金融機関】ジャックス・オリックス銀行
【物件】中古木造アパート↓【金融機関】地銀・信金・信用組合・公庫・ノンバンク
【物件】新築木造アパート↓【金融機関】オリックス銀行
【物件】中古一棟マンション↓【金融機関】スルガ銀行・静岡銀行・ＳＢＪ銀行
【物件】新築一棟マンション↓【金融機関】都市銀行・地銀・信金

**Ａ：選ぶべき金融機関は人それぞれですが、まずは自分の「個人属性」と「購入を検討する物件」をはっきりさせることが重要です。**

## Q50：住宅ローンなど他の借入れがあっても不動産投資ローンを組める？

「住宅ローンがある＝不動産投資ローンはNG」とただちには言えませんが、金融機関と借入れ状況によっては不利になります。

スルガ銀行やオリックス銀行では、「総借入額が本業年収の○○倍まで」という目安、いわゆる借入総額の「枠」という概念があります。例えば、金融機関の「年収倍率」が10倍のとき、年収1000万円の人であれば、1億円までの借入れができる（1億円までしか借りられない）といった形です。

このように総融資額を年収倍率で見る金融機関では、住宅ローンのような大きな借入れがあると、残り枠が減るため、場合によっては物件購入に必要な融資金額に届かず、ローンが組めないこともあります。

では、住宅ローンがある人は絶対的不利なのか……というと、そうとも言い切れません。

静岡銀行など、地銀や信金によっては、アパートローンの確認事項に「自宅を持っているか？」という項目があります。自宅を持ち、住宅ローンを組んでいるということはその地域に根差している証拠で、そうそう引っ越したりしないだろうと、**金融機関の管理面からプラスに働く場合もある**のです。

また、一括りに住宅ローンといっても、新築分譲マンションや新築戸建を購入し、「5000万円の住宅ローン」を組んでいる方もいれば、中古住宅を購入し、「1000～2000万円の住宅ローン」という方もおり、既存の借入れ度合いにもよるのです。

先ほどの「枠」の概念を持つ銀行がある一方で、一般的な地銀・信金においては、個人をバランスシートに置き換えて、「資産と負債のバランス」で融資の可否を見極める判断もポピュラーです。

すでに住宅ローンを組んでいる自宅を保有しているとして、金融機関から見たその住宅の積算評価が3000万円だったとします。この際、住宅ローンの残りが1000万円であれば、差引2000万円の「資産余力」があるとプラスに見てもらえます。

このように、「資産と負債のバランス」にウエイトを置いた金融機関では、たとえ本業年収が500万円で、住宅ローンを含んだ既存の借入総額が1億5000万円であったとしても、金融機関が見た保有不動産の積算評価が1億5000万円やそれ以上ある場合などは、さらに不動産投資を拡大していくこともできます。

なお、一般的に住宅ローンは「本業年収の6~8倍前後まで組める」と言われます。住宅ローンを組んだのが10~20年前というのであれば残債務も減っているかもしれませんが、「つい最近自宅をフルローンで購入した。諸費用も全部乗っけて借りた」といった場合、年収倍率で見る金融機関においては、組み立てが難しくなる場合もあります。

したがって、もし「今年中には一棟マンションを購入する!」と、近い将来の購入を心に決めているのであれば、住宅ローンは後回しにしたほうが良いでしょう。

**A:金融機関によって住宅ローンの有無が不利になるケース、有利になるケースがあります。ただ、住宅ローンがなく、近い将来投資用不動産を購入したいと考えている人は、選べる金融機関の選択肢が減る可能性があるので、住宅ローンは後回しにすべきです。**

# Q51：お金は借りられるだけ借りるべき？ 少しだけ借りるべき？

できれば借金なんかしたくない！　と普通は思うでしょうが、不動産投資においては、**「借りられるだけ借りたほうが有利」**と言われます。

その理由は、「人（銀行）のお金を使って収入を得られるから」「大きな額を借りればレバレッジ効果も大きいから」など。

一例ですが、「価格500万円・利回り15％の区分中古ワンルーム」があったとして、年間の総賃料は75万円。「価格1億円・利回り10％の一棟マンション」の場合は、年間総賃料が約1000万円です。

後者の物件において、借入れ条件を「融資額9000万円」「金利2％」「期間20年」と設定し、ＯＰＥＸ（運営費）を収入の20％と設定すると、年間で250万円程度のキャッシュフロー（税引前）が生まれます。

つまり、融資を受けず前者の物件を保有するより、大きく儲かるというわけです。

また、金融機関の方針転換もいつあるか分かりません。昨日まで、「あなたなら3億円まで融資ＯＫです」と言われていたのに、翌日には、「上限が1億円になりました」ということも実際にあるのです（こんなときは不動産業者的にも大打撃……）。

ただ、当然ながら**「たくさん借りればたくさん返す」ことを忘れてはなりません**。投資対象不動産の収益力を超えるほどに借入れが多過ぎると毎月の収支はキツくなります。

よって、「Q15・不動産投資を始めるにあたって知っておきたい『指標』とは？」（58Ｐ参照）で紹介したような、各種指標を活用したシミュレーションを行い、物件の収益力・担保力に見合った借入れの範囲で融資を最大限活用するのが良いでしょう。

物件の収益力と返済を含めた支出とのバランスを見るためには、DCR（借入償還余裕率）とBER（損益分岐入居率）を把握しておくとよいでしょう。

DCRの求め方は、以下の通りです。

【DCR（借入償還余裕率）＝NOI（純営業収益）÷ADS（年間元利金返済額）】

一般的には、**DCR1・3以上が目安**とされています。簡単な例を挙げると、運営費を除いて130万（NOI）円入る物件で、100万円（ADS）の返済ならギリギリOKなラインということです。

一方、BERの求め方は以下の通り。

【BER（損益分岐入居率）＝（OPEX〈運営費〉＋ADS〈年間元利金返済額〉）÷GPI（潜在総収入）】

BERは、「どのくらいの空室まで耐えられるか」ということがチェックできる指標で、基本的には、これが**70％未満だとセーフティライン**というイメージ。80％を超えてくるようだと要注意、90％超だと少しの空室でもハラハラすることになります。

入居者がいない状態、つまり空室になっても発生する支出はOPEXとADS。OPEXは借入れと関係ありませんが、ADSは返済金なので、ローンの借入れ条件がダイレクトに反映されます。

ちなみに、年間の返済であるADSに関しては「借入金額」「金利」「期間」という要素があり、金利の上下はイメージしやすいですが、期間の長短も忘れてはなりません。

というのも、借入れの期間が長ければ毎月の返済は少なくなり、期間が短ければ毎月の返済は多くなります。借入れに対しては金利が発生するので長く借りるほど返済総額は膨らみますが、毎月、あるいは毎年、運営費や返済でカツカツやマイナスになるような投資は、精神的に辛いもの……。したがって、**毎月のキャッシュフローを重視するのであれば、長く借りたほうが有利**です。

ともあれ、投資用不動産というものは、適正なものならば融資を返済しながら利益をもたらしてくれます。ただ、圧倒的に不足している自己資金を補うために、物件の収益力以上のお金を借りて運営を始めたような場合は、当初は良くても、減価償却額の減少や修繕の発生などに伴い収益は圧迫されていきます。また、金融機関から見た物件の評価面が売買価格に遠く及ばないにもかかわらず、本人の属性が良いために融資が出てしまうケースもありますが、それは単に、自らの与信を切り売りしているに過ぎません。

「そもそもやらないほうが良かった」とならないように、バランスを考えて融資を活用するべきです。

**A：たくさん返すことになるので、各種指標を活用したシミュレートなどを行い、物件の収益力・担保力に見合った借入れの範囲で融資を最大限活用するのが良いでしょう。**

**基本的には「借りられるだけ借りたほうが有利」と言われますが、たくさん借りれば**

## Q52：融資の可否が分かるタイミングはいつ？

不動産投資のごく大まかな流れは、①物件の買付（購入の申込）→②売買契約の締結→③決済というものです。そして、融資の可否が下りるタイミングは主に2ヶ所。「買付から売買契約締結の間（①と②の間）」か、「売買契約締結から決済の間（②と③の間）」のどちらかです。

物件の購入にあたっては、紹介された物件や広告で見つけた物件の「現地案内」を経て、気に入ったものがあれば、購入の意思表示をします。これが買付（購入申込書の記入）ですが、併せて、ローンの事前相談票（仮審査依頼書）を記入する――これが融資への一般的な入り口です。

ここから、買付の条件交渉という売買の交渉面の流れと、どの金融機関でどういった融資が引っ張れるかという融資面の2本のラインが並行して進んでいくことになります。

交渉面については、売買金額そのものや手付金、契約・決済の時期など、売主側の意向と買主側の意向の折衝《せっしょう》です。もちろん、融資の組み立てが見込めなければ強気な交渉にもならないため、その足場を固めつつ、（基本的には仲介業者が）探り探り交渉していきます。

融資面については、ローンの事前相談票の提出の他、エビデンス（根拠）資料の提出を行います。源泉徴収票や確定申告書、通帳の写しなど、金融機関から様々な書類の提出を求められるので、適宜対応していく形です。役所で取得しなければならない書類もあるので、なるべく早く揃えたいところ。物件資料も求められますが、それは不動産業者に協力してもらっての提出になります。

金融機関が求める個人属性面・物件面の両方の書類が揃うと、ようやく本格的な審査に進みます。

住宅ローンの場合は、1泊2日ほどの短期間で可否が判明しますが、不動産投資用のローンの場合はかなり待ちます。不動産投資のローンに積極的な金融機関で1週間から10日前後、地銀・信金・都銀など、一般的な金融機関では、2~3週間から1ヶ月ほどもかかります。

悩ましいのは、その検討する物件が販売に出ているという情報を独占できているとは限らない点です。**「あなたの融資が出るまで気長に待ちます」というスタンスの売主や仲介業者はまずいません**。売主からは、「販売価格(に近いところ)で、早い者順、かつ確実に買える人」という形で絞り込まれていきます。

よって、不動産投資の初心者が物件を押さえていくには、仲介業者(業者売主のときにはその営業担当者)を味方につけ、**迅速に融資を確定させていく動きが必要**です。具体的には、**書類の記入、及び源泉徴収票や確定申告書などの提出に速やかに対応していくことが大事**になります。

融資の見通しが間に合わずに物件を見逃すことを避けるため、投資用不動産に特化した業者では、購入・検討物件が固まる前段階で、あらかじめ銀行用の事前相談票をお客様に記入してもらうことも多いです。

融資の見通しを得るのに、1ヶ月2ヶ月と待たされてしまうと、スピード感のあるライバルには勝てません。投資用不動産を扱う不動産業者が、承認までのスピードが早いスルガ銀行を重宝がるのはこのためでもあります。

**A:「買付から売買契約締結の間」か「売買契約締結から決済の間」が一般的です。不動産投資用のローンは結果までかなり待つので、書類の準備などは迅速に行いましょう。**

## Q53：失敗してお金が返せなくなったらどうなる？

不動産投資は、必ずしも成功するわけではありません。例えば、空室が増えて「返済ができない！」という場合には、どうなるのでしょうか。

所有する物件を売却することで返済できるのであれば、トータルで損をしたとしても大きな問題ではありません。キツいのは、売買（できるであろう）価格よりも、借入れのほうが多過ぎるケースです。

この場合、**最悪「自己破産」をすることになります**。

自己破産は、裁判所へ申し立てした後財産を換価して債権者に支払い、裁判所の力によって借金を帳消しにしてもらうというもの。もちろん、その後数年間クレジットカードが作れなくなるなどのデメリットもありますが、詳しくは、インターネットで検索するなどしてみてください。

ただし、自己破産は本当の「最終手段」だと言えます。

修繕費用の捻出もできず、空室が長期化して改善できないうえ、返済で出ていくお金のほうが毎月多く所有していることがつらい……などの場合でも、まずは金融機関との「リスケ」に臨みましょう。

リスケとは、「リスケジュール」の略語。**返済の猶予や返済の条件変更を相談**するのです。

自分が大家さんだとして、入居者が何の相談もなく家賃を2～3ヶ月滞納すれば、「こんな人はすぐに追い出すしかない！」と思うかもしれませんが、「会社をクビになってしまい、すぐには払えないのですが、再来月に職に就く見込みなので少し待ってもらえませんか？　未払い分は、毎月3万円上乗せする形で払います」などと相談してくれれば、解決方法を一緒に模索できるかもしれません（もちろんうまくいくとは限りませんが）。

大家さんと金融機関の関係もこれと同じ。いきなり返済が滞れば、金融機関の心象を著しく損ねてしまうので、返済に不安が生じたときにはすぐさま金融機関に相談すべきです。リスケ・任意売却・競売など、自己破産する前段階でなんらかの策が打てる可能性があります。

**A：最悪の場合は「自己破産」もあり得ますが、何が原因であれ、返済に不安が生じたときには、できるだけ早目に金融機関に相談してみるべきです。**

## Q54：融資を受けられない人は不動産投資はできない？

無職で収入がなくても、宝くじで1等が当たって大金持ちになった人ならば、もちろんそのお金で一棟モノでもなんでも購入して不動産投資は始められます。

そうではなく、仕事に就いていても、例えば自営業の方や就業スタイルが正社員でない場合などは、一般的な銀行や信金などの金融機関では融資そのものが難しい傾向があります。

こうした方々が不動産投資を始めることは不可能なのか……というと、そんなことはありません。

その代表例が、**「区分の現金買い」**。つまり、まずはお金を貯めて現金で区分不動産を買い、だんだん数を増やし、それらを担保として一棟物件へステップアップするという戦略です。

金融機関に「属性面で弱い」と言われてしまう人の場合は、**ノンバンク（貸付業務のみの金融機関）での借入れが有効**です。ノンバンクで不動産投資用ローンに力を入れているところでは、三井住友トラストＬ＆Ｆが有名ですが、彼らはよく「共同担保主義」などと言われます。

一例ですが、価格が３０００万円、金融機関から見た評価は２５００万円の平成初期の木造アパートがあったとしましょう。購入時の登記費用や仲介手数料等諸費用を加味（売買価格の約７％）すると、投資総額は約３２００万円前後が必要です。

この際、Ｌ＆Ｆ社で単純に融資を組み立てようとすると、売買価格の6割程度までの融資（１８００万円）となるため、１４００万円程度の現金を用意しなければなりません。

しかし、ここからがL&F社の面白いところ。購入物件以外に「共同担保」を提供することによって、物件価格丸々のフルローンはもちろん、諸費用まで含めたオーバーローンも可能性があります。

普通の金融機関は融資の際、「購入する土地・建物」に対して抵当権（返済できなくなった場合に売却して回収する権利）を設定するのですが、**共同担保というのは、購入する投資用物件以外の物件にも共同で抵当権が設定されるということです。そして、万一返済が滞った際などには、購入物件と併せて金融機関の資金回収対象となります**。

担保になる物件としては、自宅や他に保有している投資用物件が一般的ですが、「担保力」がなければ意味をなしません。購入したばかりでローンの減っていない自宅など、担保の資産余力がない物件は共同担保となりません。

一方、投資用の区分ワンルームでも、現金購入したものやローンの返済が完了して抵当権設定のない物件についてはプラスで見てもらえるのです。

先ほどの3000万円の木造アパートの例に戻ります。

L&F社で融資を受け、この物件を買おうとするのは同じですが、今度は、共同担保となる区分ワンルームを2つ所有しているとしましょう。これらは、少し前に中古物件を現金で買ったもので、現在の相場としては1戸400万円前後で推移しています。

購入したい物件の金融機関評価2500万円に、共同担保となる区分ワンルーム2つ（400万円×2＝800万円）を合わせることで、諸費用を含めた投資総額そのものの3200万円を上回りました（3300万円）。よって、自分で現金を用意することなく、融資を受けての投資という組み立てが可能になってきます。

このように、小さな物件（区分）をいくつか現金購入し、ノンバンクの共同担保主義を使って一棟モノへと投資を拡大していくこともできるのです。

ちなみに、抵当権の設定（共同担保の提供）は、返済が滞って競売などにならない限り、建物の利用は制限されません。よって額はさほど大きくはないでしょうが、区分から得られるインカムゲイン（家賃収入）も維持できます。

加えて、ノンバンクに限らず地銀・信金においても、無担保（抵当権設定のない）不動産を所有していることは、それが区分でもプラスに働くので、そういう意味でも、適正価格で取得できるのであれば区分不動産の取得は「アリ」です。

**金融機関に「属性面で弱い」と言われてしまう人でも、最初は現金で区分不動産を購入し、その後それを共同担保にしてノンバンクから融資を受け、投資を拡大していくパターンなどもあります。**

**A：**

# 第7章
# 投資を成功させるために大家さんが考えるべきこと

## Q55：引渡し後にはどんな注意点がある？

融資も下り、物件の決済（お金のやり取り）が無事に完了すると、同日に物件の「引渡し」を受けることになります。この時点から、いよいよ投資用（収益）不動産のオーナーです。

さて、**投資用物件の引渡し後、最優先されるのは「管理のスムーズな移行」**です。

まずは、当月、または来月から入居者の賃料が自分の口座に入るように手配しなければなりません。

具体的には、「所有者変更のお知らせ」を作成し、前所有者・新所有者の両方について記名押印した書類を賃借人に向けて作成・配布する作業です。

これについては、管理会社に収納代行（入居者からの集金業務）を任せるのか、それとも各住戸から直接自分の口座に振り込んでもらうのかをあらかじめ決めておく必要があります。

大部分の投資用不動産においては、管理会社（収納代行）が入っているケースがほとんどです。もし管理会社の変更をしないのであれば、入居者の窓口となる管理会社とその振込先が変わらないため、入居者からの誤った振込（前のオーナーに振り込んじゃった！）などは発生しにくくなります。

ただ、管理料やサービスも微妙に異なるため、必ずしも従前の管理会社の継続に固執する必要はありません。物件を購入する際にサポートしてもらった不動産業者が管理業務もやる場合などは、そこに任せることもよくあります。なお、管理会社を変更する際には、新管理会社にも「引渡しの場」に立ち会ってもらうのがベターです。

管理会社の変更や収納代行をせずに、オーナーへの直接送金に移行する場合などは、入居者に対してオーナーの変更と振込先の変更について周知徹底する時間が必要なため、事前に仲介業者などには意向を伝えておくと良いでしょう。

また、**鍵の本数や、賃貸借契約書の原本に不足がないかといったことは、この決済・引渡しの場で最終チェック**します。

補足として、引渡し書類などの物理的なボリュームを事前に確認しておいたほうがいいでしょう。なぜなら、「鍵の一式」「書類の一式」について引き渡されるのですが、「一棟マンションで総戸数が数十世帯」のような規模の物件については、紙の資料が段ボール数箱ということもあり得るからです。

引渡し後には、共用部の電気・水道についても使用者変更の連絡を入れます。自身でやる場合もあれば、管理会社が代行してくれることもあります。

他に、ケーブルテレビなど、オーナー負担となるものについても同様です。速やかに変更の手続きをしておかないと、旧所有者に請求が行ってしまった場合に、手続きが煩雑になるので注意。また、プロパンガスが付設されている場合については、所有者が変わった旨をガス会社にも伝えておきましょう。

これらは、自分が引っ越したときに近いイメージですね。

**A：賃料の振込先の変更をはじめ、管理のスムーズな移行が最優先で求められます。**

## Q56：物件の管理会社はどうやって選べばいい？

基本的には、実際に任せてみるまでは、評判を人づてに聞いたりネットで検索したり、電話口や対面で雰囲気を掴んでみたりするしかありません。

ただもちろん、以下のように客観的に比較できる判断材料がいくつかありますので、参考にしてみてください。

**①管理料の違い**

管理料は、基本的に「毎月の賃料×○％」というものですが、○の部分が管理会社によって違います（5％前後が相場）。もちろん、大家さん（オーナー）としては安いほうが嬉しいですね。ただ、安いからと言ってあまりに管理がずさんだと困りますので、そのあたりはバランスです。

**②リーシング力（客付け力）の違い**

正直、**ここが強ければ他が緩くても許されます**。「空いたら埋めてくれる」管理会社は素晴らしいですが、「出る前に決めてくれる」のが最強です。

**③管理戸数の違い**

管理会社は、普通複数の物件を管理しており、物件数が多いほうが管理会社としては安定しています。ただし、管理する「戸数だけ」が多く、従業員数とのバランスが悪いと対応不足に繋がることも。

## ④管理会社のタイプの違い

特にリーシングについては、オーナー側と借主双方の仲介手数料を自社で総取りできるよう、自社の管理物件を自社で客付けする「両手」での契約を優先する管理業者と、オーナー側からのみの「片手」での手数料でよしとして、客付けは他業者に依頼する（仲介手数料は客付けした業者に入る）パターンとがあります。そしてこれは、具体的には以下のように分類されます。

・地域密着「地場」管理会社――特定の2～3駅間などで数店舗を展開したり、駅前に居を構えていたりする地元の不動産業者。地域に深く根差している強みと、何かあったときの機動力が高いです。賃貸営業もやっていることが多いため、自社管理物件を優先して埋めていく（両手狙い）傾向です。

・大手管理会社――そうそう潰れたり、敷金を持ち逃げしたりしないだろうという安心感があります。また、賃貸借契約書など、書類面もキッチリしているのは嬉しいところ。リーシングは協力業者に頼る（片手で効率アップ狙い）傾向です。

・大手管理「フランチャイズ」の地場管理会社――先に挙げた2つの管理会社のハーフのような存在。書類などは大手と同様で、リーシングは自分たちで行い（両手狙い）、賃貸営業部門を持つことが多いです。

・投資用（収益）不動産の販売業者による管理――不動産投資家として、物件を継続して増やしていく場合などに窓口が1つになるので楽なのが利点。リーシングについては、大東建託やレオパレスのように自社で賃貸営業部門を持っている会社と、客付け部門を持たないパターンの両方があります。

以上が、管理会社によって差のある部分ですので、自分が物件を任せたい管理会社はどんなところかをイメージし、必要であれば複数を比較検討してみましょう。

なお、管理会社を一括で比較・提案してくれるようなサイト（車や家の「一括査定」的なもの）も存在するので、こちらを活用するのもよいでしょう。「スマイスター（http://www.sumaistar.com/pm）」や「賃貸管理比較君（http://www.chintaikanri-navi.com/）」などが有名どころです。

ともあれ、オーナーとして一番ありがたい管理会社は、**空室を素早く埋めて、集金漏れがなく、万一滞納が出ても速やかにリカバリーしてくれるような会社**ですので、管理会社選びはここに重点を置くようにすべきです。いくら管理料が安くても、空室が埋まらなければ意味がありません。1〜2％の管理料の差なら、高くても満室稼動で信頼のおける管理会社のほうが嬉しいものです。

加えて、自動販売機の設置や携帯電話のアンテナ設置など、さらなる収入アップの提案までしてくれたら言うことありません。

ちなみに、敷金を管理会社が預かっている場合もあるのですが、財務状況が悪い管理会社だと、中には、その敷金を会社のお金として流用されているお話なども耳にしますので、ご注意ください。

では、もし頼りない、もしくは合わないと思う管理会社と契約してしまった場合、変更はできるのか。

これについては、可能ですが**違約金が発生する**場合が多いです。

不動産管理会社との管理の委託契約書については、あくまで契約事ですので契約書の内容に左右されるのですが、宅建業法のようにガチガチに決まった要件や書式がないため、管理会社によって内容がまちまちです（あくまで物件オーナーと賃貸管理会社との委託契約の話です。分譲マンションにおける管理組合と管理会社との管理委託契約の話ではありません）。

そして通常は、委託契約の解除について事前予告の旨が記載されていることがほとんどです。具体的には「○ヶ月前に相手方に通知しなければならない」という表記。解約の予告が必要な期間が6ヶ月のところもあれば、3ヶ月のところもあります。

併せて、業務委託報酬の6ヶ月（あるいは3ヶ月）分の違約金が発生する旨が記載されていることも多いです。ただ、事前予告の期限をしっかりと守る形で円満な解除ができれば、違約金がないところもあります。

大家さんからしてみれば、あまりに頼りない管理業者には「明日にでもチェンジ！」と言いたいところですが、いくら頼りなくとも管理会社の立場から見れば、清掃業務やポンプ点検といった建物管理など毎月・毎年のものについては、すでに清掃要員を雇ってしまっていたり、管理・修繕業務の手配をしてしまっていたりする場合もあるため、「急に言われても……」となるわけです。

そういった事情からも、管理委託契約書には委託契約の解除に際しての「事前予告」として、相当な期間が設けられているのです。

しかしながら、宅建業法の媒介契約書などとは異なり、期間や違約金については、いわば「管理業者の都合で勝手に作っているもの」。期間中の中途解約について記載がない場合や、消費者側（大家さん側）

に著しく不利な内容（「解約できません！」とか「法外な違約金の請求」）であれば、最終的には裁判所の判断を仰ぐことになります。

管理委託契約の解除について揉めた際は、数十〜数百万円といった大きな金額であれば、裁判云々も一手ですが、数千〜数万円であれば、手間も考えて「手切れ金」と割り切ってしまったほうが楽だと思います。

A：空室を素早く埋めて、集金漏れがなく、万一滞納が出ても速やかにリカバリーしてくれるような管理会社が理想です。管理会社が気に入らなければ変更もできますが、違約金などが発生することもありますので、最初の管理会社は慎重に選びましょう。

## Q57：「自分で物件を管理」も可能？

自主管理はできますが、費用対効果をどう判断するかです。

管理手数料の相場は、賃料（物件からの収入）の５％前後。他に、清掃やポンプ点検などの建物メンテナンス費用などを設定している会社が多いです。

管理会社が行う、主な管理内容は以下のようなものです。

「賃料、共益費、駐車場使用料の入金管理（と関連する書類作成）」「滞納が発生した場合の督促、回収業務」「クレーム対応（お湯が出ない！　など）」「退去時の立ち合い」「リフォーム手配」「賃貸募集（リーシング）」

仮に、賃料が１室５万円の部屋が４世帯ある小規模なアパート（満室）だったとします。月額20万円に対して、管理手数料は５％なら約１万円。このお金で先ほどのような各種管理をやってもらえるというわけです。

これを高いと見るか安いと見るかはオーナーの判断次第でしょうが、**私は、特に初心者の方やサラリーマン大家さんの方は、（よい）管理会社に依頼することをお勧めします。**

考えてみてください。やたらと夜中に呼び出されるようなことは少ないでしょうが、「鍵をなくして中に入れない！」「お湯（水）が出なくなった！」など、賃料・共益費をいただいて住まいを提供しているオーナーとしては放置できない事案もたびたび発生します。

また、賃借人の中には一筋縄ではいかない厄介な入居者も少なくありません。新築で入居者をじっくり選別できる立場にあるような物件ならまだしも、中古物件を取得した場合には、引渡しを受けた後に滞納が始まり、話を聞こうにも会話が成り立たない、振込みのやり方が分からない……こういう入居者が本当にいるんです。

また、6~8世帯の一棟アパートや区分ワンルームを数戸保有しているというレベルであれば、サラリーマン大家さんであっても自主管理できますが、50世帯、100世帯と規模が大きくなってくると、全て自主管理というのは、専業でない限り現実的ではないでしょう。

規模が小さいうちに、または自宅から近い物件を取得できた場合などに、「勉強」で、「自主管理にチャレンジ」してみる程度ならいいかもしれません。

しかしながら、餅は餅屋。数をこなしているプロに任せてしまったほうが楽ですし、不動産投資自体がうまくいく可能性も高まると思います。

**A：可能ですが、手間などを考えると、特に初心者の方やサラリーマン大家さんの場合は、費用がかかっても管理会社を入れることをお勧めします。**

## Ｑ58：中古物件の場合はリノベーションも必要？

リノベーションを実施するにあたって第一に考えなければならないことは、**「リノベーションを行うことでどれくらいの増収が見込めるのか」**ということです。増収が見込めないリノベーションなら、やらないほうがマシとさえ言えます。

「リノベーション」の定義も人によって異なりますが、ここでは「バリューアップに向けての修繕」という意味（※既存の畳の張替えなどの単なる原状回復ではなく、付加価値をつける改修行為）で解説していきます。

まず持ってほしいのは、「いくら使っていいのか？」という視点です。

例えば、１室２万５０００円のワンルーム６世帯のアパートがあったとします（安く見えるかもしれませんが、地方や郊外ならザラにある賃料です）。

この物件の年間の売り上げは現状、「２・５万円×６戸×12ヶ月＝１８０万円（年額）」です。

しかし、デザイナーズチックな修繕やモニター付インターホンなどの設備を増設してリノベーションをした物件であれば、３万円の賃料が見込めるとします。

そうなった場合、「３万円×６戸×12ヶ月＝２１６万円（年額）」です。

よって、家賃収入（インカムゲイン）の年間収入の差額は「２１６万円－１８０万円」で「36万円」ですね。

続いて、売却時のキャピタルゲインのことを考えてみましょう。利回り10％での売買が見込めるエリアであれば、賃料2・5万円のときは、「180万円÷10％＝1800万円」、賃料3万円のときは、「216万円÷10％＝2160万円」。その差額は「2160万円－1800万円」で「360万円」だということが分かります。

これによって、リノベーションをして即時の転売を目論んだとしても、その費用が360万円未満であれば、「やる価値はある」と読むことができます。

また、年間の収入として36万円変わってくるので、仮に5年間の保有と予定するのであれば、「36万円×5年」からリノベーションによって180万円の価値の増加をイメージすることができます。

売却時と保有時における増収分の合計は「360万円＋180万円」で、「540万円」。簡単な見立てですが、5年の保有予定であれば、リノベーション費用が540万円以下なら実施する価値があるということです。

**こうしたシミュレーションを通じて、「リノベーションにいくらまでなら使っていいのか」ということが把握できる**のです。

地域や間取りや立地条件によって幅はありますが、いかに内装や設備にお金をかけようとも、そこから得られる賃料には上限があります。

そこで、まずは「SUUMO」や「ホームズ」などの検索サイトから、賃貸物件の広さや駅距離で類似物件を絞り込み、賃料の相場を把握してみましょう。

同規模の賃貸物件について、下限の賃料と上限の賃料を見て、自分の持つ（または購入予定の）物件の賃料が、どの程度の価格帯に位置しているかをチェック。現状がマーケットの下限に位置しているなら、リノベーションによる賃料の上昇余地があるかもしれませんが、高めの設定賃料で賃貸できているのであれば、さらなるリノベーションは過剰投資かもしれません。

また、入居が付かない物件・お部屋が、リノベーションによって付くのであれば、それも大きなプラスです。

一例ですが、地域の賃貸マーケットの需要と合わずに、入居者が全然いない3点ユニット（風呂・トイレ・洗面が一体）15㎡のワンルームがあった場合などは、その部屋を豪華な仕様にするよりも、2室を繋げて広めの1LDKにしたほうが効果がある場合もあります。

見かけ上の利回りは少し下がっても、**地域や時代のニーズにマッチさせたリノベーションを施し、顧客（入居候補者）の期待を上回る快適な住まいを提供して、「確実に稼いでくれる物件」にしていくのも1つの手**です。

入居者に「ウケる」ための具体的なリノベーション（リフォーム）の仕方については、書籍やウェブサイトに実例が多々掲載されていますので、いざ実施する前には、いくつか読み込んでイメージを掴んでおくのがお勧めです。自分でやるのはもちろん、専門業者に依頼するにも、イメージが共有できないと失敗しかねないからです。

私自身、自宅近くの木造アパートを取得できた際に空室が2戸あったため、書籍やウェブサイトを参考にして、「セルフリノベーション」にチャレンジしました。

私が活用したのは、書籍だと「（新版）『遠方・地方・激戦区』でも満室大家になる方法（山岡清利著／ごま書房新社刊）」というもので、ウェブサイトでは「セルフリフォーム・DIY大家さん（http://

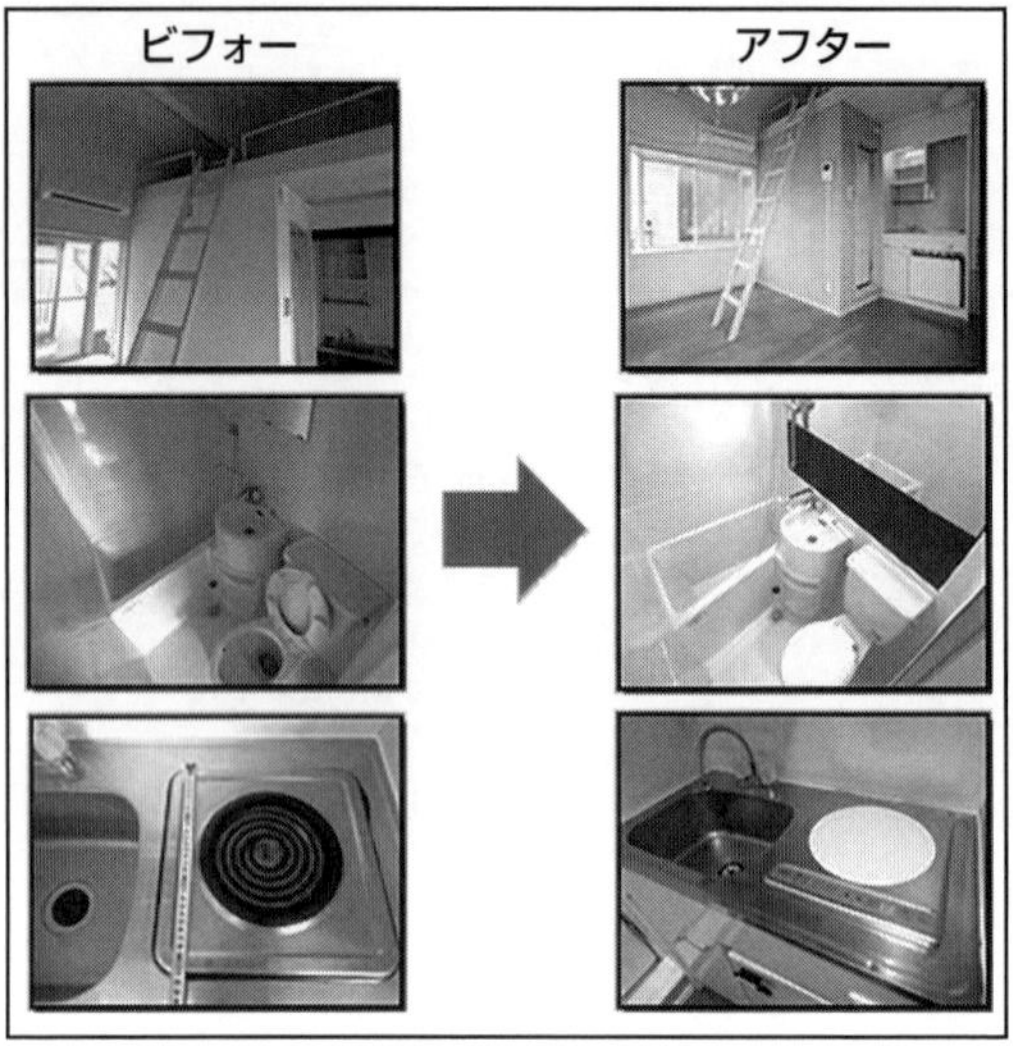


実際に私が保有物件に施したリノベーションの例。

selfreform.web.fc2.com/〉」というもの。機会があれば見てみてください。

私が施したセルフリノベーションの、ビフォー・アフターの写真を上に掲載しています。

元々は、よく見かける3点ユニットの特徴のないワンルーム。「なんということでしょう〜！」という匠レベルではありませんが、リノベーション後、多少は入居者に「ウケる」ものになったと思います。

主な施工内容は以下の通りです。

・居室——「アクセントクロスを一部付設」「木部塗装」「照明交換」「モニター付インターホン設置」「電気のスイッチとコンセントを『コスモ（パナソニック製の人気商品）』に変更」

・玄関——土間（靴脱ぎ場）に「Pタイル」を施工

・ミニキッチンの再生——「ダイノックシート施工」「電気コンロからＩＨヒーターに交換」「水栓蛇口と金具などの交換」

・浴室内——「ダイノックシート施工」「大型ミラー付設」「シャワースライドバー設置」「タオルかけなどの金属類交換」「トイレットペーパーホルダー交換」

書き上げるとなかなかのボリュームですが、私自身はあくまで投資用不動産の売買・仲介の営業担当者が「本業」ですので、修繕行為はど素人。それでも、夏季休暇をフル活用してなんとか仕上げることができました。

ちなみに、某財閥系グループのリフォーム業者さんにもお見積りをいただいたのですが、1戸約70万円という内容。賃料で回収するのに何年かかるんだよ……ということで、丁重にお断りしました。

私の場合、セルフリノベーションとはいえ、エアコン交換や天井のクロスやルームクリーニングなど、大変な部分はリフォーム業者さんにお願いしましたが、設備面の施工を自分でやったこともあって、**1戸約20万円に収まりました**。

特に、設備面は楽天や価格コムなどで検索すると、「えっ、こんな値段なの？」と驚かれるかもしれません。モニター付インターホンなんかは９８００円前後で購入できますし、ＩＨクッキングヒーターも1万２０００円前後。照明はＩＫＥＡでおしゃれなものを選んでも、電球を入れて1～2万円で十分選択肢があります。コンセントパネル・スイッチパネル類に至ってはホームセンターで数百円の世界です。

投資効果を上げるためにも、自分自身でできる範囲でのチャレンジはアリだと思います（工事には資格が必要なものもありますが）。

ちなみに、大きかったのはエアコン交換のコスト。ただし詳しい人なら、もっと安くできる可能性もあります。

セルフでやるのは、「楽勝！」な作業ではないので、決して万人向けではありません。小学生の頃に「図画工作」が好きだった人、ホームセンターに行くと気持ちが昂る人などは向いているかもしれませんね。

ちなみに、この項の冒頭に挙げた物件の例の数字は、実はこのアパートをイメージしたものです。私の取得時には賃料2万5000円で（原状回復もされずに！）募集されていましたが、**リノベーション後、現在は3万2000万円で2室とも稼動しています**。

ともあれ、投資という前提において、回収が見込めないようなリノベーション行為はただの自己満足か慈善事業です。やるべきは、入居・賃料アップ・売却時の価格アップを見据えた中で、最大限の効果が得られるリノベーションです。

不動産投資は、「高く貸す」「高く売る」ことが第一目標であり、リノベーション自体は、そのための「手段」だということを忘れてはなりません。

**A：増収が見込めたり、地域や時代のニーズに合った「確実に稼いでくれる物件」になる可能性があれば施すべきです。ただし、リノベーションは不動産投資で儲けるための1つの「手段」に過ぎないことを忘れてはなりません。**

## Q59：建物自体の修繕についてはどのように実施すればよい？

区分ワンルームなどは自分の裁量で（大規模）修繕を実施できないので、ここでは、一棟物件や戸建という前提で解説していきます（区分不動産では修繕積立金が管理組合から毎月強制徴収されます）。

一棟物件の大家さんは、修繕費用として毎月の賃料収入から一定額をプールしておく必要があります。そして、大体の目安はあるものの「いつ・いくらかけてやるのか」については、自己の裁量で判断することになります。

例えば、鉄骨（S）構造や鉄筋コンクリート（RC）構造の一棟アパート・一棟マンションの平たい屋上は、「陸屋根」と呼ばれますが、定期的な防水工事・メンテナンスが必要です。一般的なところでは、屋上防水は10年前後に1回と言われています。

戸建や小さなアパートで、昔ながらの陶器の「瓦葺」屋根については、耐用年数が50～60年、「スレート葺（比較的近年に登場した薄い瓦のような屋根）」については、10～20年程度でメンテナンスが必要と言われることが多いです。

また、外壁や鉄部の塗装なども、雨水の浸入対策・さび防止と共に外観の良し悪しに多大な影響が出るため定期的にやりたいところ。外壁補修や塗替えは、10年前後に1回程度、鉄部分のさび防止加工は3～5年前後に1回程度が一般的です。

その他、機械の設備修繕などは15年～20年前後、給排水管の補修や交換は15年～20年前後を目安に実施することが多いようです。

さて、こうした大規模修繕は、根本的に「建物を長く活用すること」を目的として実施するものですが、副次的な効果として、**売買の「販売価格のアップ」や、賃貸の「賃料・入居率アップ」**もあります。

一棟物件の売買においては、中古物件の場合、「いつ・どこで・何をやったか・いくらかけたか」という修繕の履歴によって、金融機関の評価にプラスアルファが有るため、少なからず買い手の融資成立可否に影響があります。

また、外壁・エントランスや共用廊下、集合ポストなど、目につきやすい共用部の大規模修繕を実施することで、賃貸におけるリーシング面にもプラスの影響があります。クラック（ヒビ）の入った、見るからにオンボロなマンションよりも、今どきの綺麗な塗装が施された外観に人は魅かれますよね。

修繕で、空室がいとも簡単に埋まるようになれば、少し賃料を上げてみるのもアリです。それで入居が付けば、利回りが上がるため、売却する際にも高く売れることが見込めます。

もちろん、外観で判別するのは、賃貸入居者だけではありません。売買のプロであったとしても、物件の「顔」は、入り口時点の判断材料としてとても重要な部分です。その**プロでさえ「見た目」に影響されるのですから、個人投資家の購入是非の判断には大きな影響があります。**

ただし、悩ましいのは、その費用対効果が明確ではない点です。

室内リノベーションによって、訴求力を向上させて募集賃料を高めに設定するということは、イメージしやすいですが、屋上防水工事や鉄部の塗装を実施したときに、どれだけそれが賃料に跳ね返るか、売却時の価格に反映されるか——これらについては予測することが難しいです。特に、水道ポンプや機械設備など、目に見えないところは評価されにくい傾向です。

そのため、共用部について小さな不具合が出た際は適宜細かい修繕で対応し、屋上防水や外壁塗装など、全体的に支出の大きくなる項目をズルズルと先延ばしにしているケースも少なくありません。

とはいえ、あまりにメンテナンスをしないと、今度は建物そのものに大きな不具合が出るなど、投資対象が瓦解しかねません。給水管の故障や全体的な雨漏り、カビの発生などで、入居率がガクンと落ちて、修繕に過大な費用が発生するなどと言ったことも……。

こうしたことを総合して勘案すると、やはり項の冒頭に記した期間を目安に大規模修繕を実施するべきですが、その際、コストと効果を見極めながら、**入居者の安全に関わるような必須の箇所については厚く、直接的な影響が少ない場所や見た目だけの問題についてはほどほどに**、とバランスを取りながら実施していくのがよいでしょう。

なお、物件の売却時や中古物件の取得時も大規模修繕の1つのタイミングですので、「売る前にやるか、やらないで売るか、買ったときにやるか」を考えるのも、不動産オーナーの判断によるところです。

一般的には、不動産業者が手を入れて（大規模修繕をして）販売した物件ではない場合、購入直後に大きな修繕をやる方が多い傾向です。ただし、稼動状況が良ければ、余剰資金がない状態で無理にすぐさまやらなくてもＯＫ。賃料収入によるインカムゲインを着々と貯めた後に実施するのもアリです。

**Ａ：建物を長く活用するために、一般的な目安に沿って大規模修繕を行うのが望ましいですが、コストと効果を考えて、力を入れる部分とほどほどの部分を判断してください。**

## Q60：「サブリース契約」も検討すべき？

「Q04・不動産投資は『リスクマネジメント』ができる?」(22P参照)でも少し触れましたが、投資用不動産には、**「サブリース契約（借り上げ保証）」**というものがあります。サブリースという言葉の意味は、人によって若干認識が異なりますが、一般的には「転貸《てんたい》を目的とした借り上げ・家賃保証」という意味で使われます。

「サブリース」という名称については、オーナーと第一賃借人（サブリース業者）との賃貸借契約を「マスターリース契約」、サブリース業者と入居者間の二次契約が「サブリース契約」なのでそう呼ばれています（一般的な大家さんと賃借人との賃貸借契約も、わざわざ言わないだけでマスターリース契約です）。

サブリースは、大家さん側から見ると、サブリース業者が部屋を借り上げてくれるため、「実際に入居しているか否かにかかわらず安定した賃料を取得できる」というサービスです。

不動産投資最大のリスク「空室リスク」を解消してくれるため、非常にありがたい存在ではあるのですが、当然、サブリース業者は一定の金額を持っていきます。そのため、ある種「保険」のようなシステムと言えるでしょう。基本的には、「新築物件」について、サブリースをセット販売されることが多いです。

サブリースをやっている業者は、アパートやマンションの一棟全体、または区分の1部屋などを借り上げ、他の人に転貸して収益を上げます。転貸や転貸借《てんたいしゃく》と表現すると固いですが、要するに「又貸し」ですね。

前述の通り、大家さんに対しては全額保証ではなく、一般的には賃料の80～90％前後が保証されます。

保証期間は2年や5年などが多く、大東建託など一部の業者では期間35年間というものもあります。

要するに、サブリース業者からすれば、賃貸マーケットの相場より少し安く借りて、相場で（または少し高く）又貸しすることで差額が利益となるビジネスです。

とはいえ、実のところこれだけではサブリース業者はあまり儲かりません。

10万円の家賃の80％保証という物件があったとしましょう。部屋を8万円で借り上げて10万円で賃貸したとして、業者の利益は差額の2万円です。仮に、2ヶ月間の空室が発生すると毎月8万円のコストは固定で出ていきますので、16万円のマイナスです。部屋単体で見れば、回収するのに8ヶ月（2万円×8＝16万円）もかかってしまいます。

規模が大きくなれば、入居している部屋からの収益で空室箇所を補填して大家さんに保証金額を支払うことができますが、**起業直後や規模の小さいサブリース業者は、「飛ぶ」可能性も少なくないので注意が必要です。**

サブリースを世間に浸透させてきたのは「土地活用」という売り文句で、すでに土地を持っている地主さんをメインターゲットとして攻めてきた不動産業者（テレビのCMで「30年一括借り上げ」などというコピーを目にしたことがある方も多いのでは？）。地主さんを中心にアプローチして、「アパートを建てて資産運用（土地活用）しませんか？」「建築も運営も全部引き受けます！」「長期で借上げるので安心です！」という営業です。

こうした「土地活用系」業者は、「建築でガッツリ」、「サブリースで少しずつ」、「修繕でところどころ」稼いでいきます。

ビジネスですので、サブリース業者側が利益を追求するのは当然ですが、同時にオーナー（地主さん）も儲かっているかというと……**「リスクを背負わされて意外に儲からない」パターンも多く見かける**のです。

というのも、先に「建築でガッツリ」と書きましたが、地主さん狙いのサブリース業者にとって、一棟アパート・マンションの賃貸運営について収支が合うかどうかは、さほど問題ではありません。極端な話、**地主さんにアパートを建築させられれば、それでＯＫ**なのです。理由は簡単、大きく儲かるからです。

以下は、サブリースを手がけている大手建設会社のデータです。「建設事業」と「不動産事業（サブリース含む）」を見比べると、売上高は「建設約５４６３億円」に対し、「不動産約６７７６億円」ですが、総利益額は「建設約１７５２億円（総利益率約32・１％）」に対して「不動産約４５３億円（総利益率約６・７％）」です。いかに建築が儲かるか（建築で利益を上げているか）が見えてきますね。

加えて、**業者側はタイミングを見て、賃料の値下げ交渉をしてきます**。賃料が下がれば業者の実入りも減りますが、高くて入居者が入らず、空室のまま半年や1年経過したほうが、大家さんに保証する賃料が一方的に出ていくので問題だからです。

ちなみに、建築費を高く取れるよう、最初のシミュレーションにおける賃料はかなり甘く（高く）設定しているケースもあります。

そして、定期的な修繕についても、オーナー負担の取り決めが盛り込まれている場合が少なくありません。「一括で借り上げますから、ウチの指定業者で大規模修繕を実施してくださいね。ダメなら借り上げを解除します」と、こんな感じです。

修繕については、「複数社からの相見積もりを取って一番まともそうなところで……」といったオーナーの裁量権がなくなるため、紹介料などが盛り込まれた高めの修繕でまた業者に稼がれます。
「守りの不動産投資・賃貸経営」を目指すと、サブリースに走りがちですが、かえって自分の首を絞めているパターンもあります。不動産オーナーが自ら主体的に動かない土地活用は、地主さんのためではなく、あくまで業者にとっての土地活用になってしまっていることを忘れないでください。

そういう意味で、自己の裁量権を大きくしたい方や、攻めの不動産投資を目指す方は、サブリースは一旦保留しておいたほうがいいかもしれません。年間の賃料収入の10%〜20%――リスク回避のためのコストとはいえ、結構な割合です。運営費で20%、サブリースで20%、返済で「何も残らない」というのは、投資ではなく食い物にされているだけ。**サブリースなしでリーシングができる物件に投資するのが本来はベター**です。

なお、新築時以外でも採算が取れる物件であれば、サブリース業者は対応します。「自分で頑張ってみたけれども、やっぱり入退去の煩わしさが面倒」「とにかく入居が付かない……自分だと手立てが分からない」そんなときは、ウェブなどを活用してサブリース業者の比較をしてみるのも一手でしょう。

ちなみに近頃では、東証一部上場の「日本管理センター株式会社（http://www.jpmc.jp/）」という会社が名を馳せています。

**A：「保険」になり得るので、「守りの不動産投資」に徹したい方は検討してみてもよいですが、裁量権が減り、場合によってはサブリース業者に食い物にされるようなこともあるため、基本的にはサブリースなしでリーシングができる物件に投資すべきです。**

## Q61：どんな入居者でも受け入れるべき？

空室があれば、何としても埋めたくなるのが大家さんの心情ではありますが、誰でもいいと適当に入れていたら、**家賃の滞納などで困ることになるため、最低限の選別はすべき**です。

正直、どんな人が問題があるか、家賃を滞納するかなどについては、神様でもない限り分かりません。ただ、**「生活保護受給者」**と**「外国籍の方」**については、カテゴリが入居前に分かっているだけにオーナーとして悩むところです。

生活保護受給者と一口に言っても、当然真面目な方もいれば、常識から外れまくっている方もおられます。そして、賃料の支払いが発生するまでは、ちゃんと支払ってくれる問題のない入居者かそうでないのかハッキリ言って分かりません。役所から生活保護費を受給できるとはいえ、当人が賃料の支払いを最優先するとは限らないのです。極端な話、それをギャンブルに使うのも自由なのです。

それを防ぐためにも、生活保護受給者の入居受け入れを検討する際には、**物件所在地の市区町村において「代理納付制度」がきちんと働いているのか、という点をまず役所にヒアリング**しましょう。

代理納付制度とは、生活保護費から賃料分については生活保護受給者を通さずに、直接家主（大家さんや管理会社）に振り込まれる仕組みです。大家さんとしては、滞納やとりっぱぐれの心配がなくなるのでありがたいシステムと言えます。

ただし、ウェブサイトで制度を見つけたからと言って、安心してはいけません。

私が以前所有していた東京都八王子市のアパートで、賃借人が途中から生活保護受給者になったことがありました。過去の入金状況から、今後の素行もちょっと怪しかったため、代理納付できないかと調べてみると、八王子市のホームページには制度と連絡先がしっかりと記載されていました。もう、即電話です。

私「生活保護費の代理納付制度を使いたいのですが」
役所「今は受け付けていません！」
私「ホームページに書いてあったので連絡したのですが……」
役所「全部払っていたら破綻します！」
私「……」

このように、地域によっては制度が完全に機能していないこともあるので、必ず自分で役所に電話を入れて確認してみましょう。ちなみに、この怪しかった入居者は初回の生活保護費を受給した後、賃料滞納のうえ、荷物を残したまま夜逃げしました（保証人も行方不明。泣きたいです……）。

私の愚痴はさておき、続いて、「外国籍の方」を賃貸顧客として歓迎するか否かです。

これからの人口減少を考慮すると、外国籍でもウェルカム！　のほうが、入居者ターゲットのパイが広がるため、賃貸物件の稼働率はアップする可能性が高くなります。

また、日本人でも善良な人もいれば極悪人もいるように、一括りにどこの国の人はいい、どこの国はダメだなどとは一概には言えません。

ただし、外国籍入居者についてはトラブルが少なくないのも事実。よく言われるのは以下のようなものです。

「突然帰国してしまい音信不通。残置物と滞納と原状回復（修繕）に悩む」「独特の調味料など料理の臭いや生活臭が強烈」「狭いワンルームに勝手に2人で入居していたり、又貸ししたりする」「同郷の友人らを集めてパーティー開催（騒音）」「ゴミ出しのマナーや衛生管理の常識が異なる（隣人トラブル）」「ユニットバスやキッチンの使い方がひどい（汚れ方が尋常でないことも）」「室内の塗装などの勝手な修繕」

このようにマイナス面ばかり挙げると、ちょっと外国籍の方は……と思われるかもしれませんが、実は、**日本人入居者よりもプラスの面もあります**。入居ターゲット層にもよりますが、日本人よりも建物の設備や築年数に寛容なのです。

また、入浴する習慣がない国も多いので、風呂とトイレと洗面所が一体の3点ユニットタイプでも、入居のハードルになりません。併せて、日本人では人気が低めの「畳」「襖」「障子」の和室も、かえって日本らしさをアピールできます。

さらに、一旦退去してしまうと次の入居先が見つけづらいこともあって、長期的な入居になったり、その方が退去しても、同郷の友人など次の入居者を見つけてきてくれたりするなど、賃貸運営上、安定的なリーシングができるケースもあります。

では結局、生活保護受給者（特に代理納付制度がない場合）や、日本に慣れていない外国籍の方について、どうやって受け入れを判断したらよいか……実は、**「家賃保証会社の活用」が一番**です。

家賃保証会社というのは、賃貸住宅の契約時に必要な「賃借人の連帯保証人」を代行する会社で、例えば家賃10万円の部屋がある場合、入居時に、「入居者（賃借人）がその50％（5万円）を保証会社に支払い、入居者が1年の更新時期に1万円を支払う」などといったパターンが多いです（ちなみに最近は、大家さんが入居者の代わりにコストを負担することも少なくありません。安心を求める大家さんが増えています）。

そして、万一滞納が発生した際などには、賃借人に変わって家賃保証会社が支払ってくれます。親兄弟が連帯保証人になっているケースなどが多いですが、家賃保証会社が入っていれば、感情論は全く抜きに淡々と実務として支払ってもらえるので、大家さんとしては楽なのです。

家賃保証会社のサービスを入居申込者が利用する際には、支払い能力等審査があるため、そこで、チェックが入ります。第三者の審査が入り、万一の滞納も保証されるため、家賃保証会社の利用可否が1つの判断材料になるというわけです。

ちなみに、家賃保証会社の審査は、生活保護受給者であることを理由にただちにNGにはなりません。また、外国籍の方でもそれを専門とした家賃保証会社もあります。外国籍に特化した家賃保証会社として、「株式会社グローバルトラストネットワークス（GTN：http://www.gtn.co.jp/）」が業界内では有名です（本国まで追いかけると、結構回収できるらしいです！）。

A：「生活保護受給者」と「外国籍の方」については特に判断が難しいところですが、自治体によって「代理納付制度」もありますし、外国籍の方も「長く住んでくれることが多い」などの利点もあるので、ケースバイケースで判断しましょう。そして、一番の判断材料になるのは「家賃保証会社の活用」です。

# Q62：中古物件を取得した場合「建物名」は変更できる？

一棟物件であれば、**建物の名称変更は原則できます**。

実務としては、市役所・区役所の住民課などで「名称変更届」（市区町村によって書類の名前は若干異なります）を提出することで、変更可能です。

そして、**建物の名称は入居率にも影響します**。

昔ながらの「○○荘」よりも、「レスポワール○○」やら、「メゾン○○ヒルトップ」などのほうが、リーシングの際にウケがいいです。最近は、フランス語や英語を使用し、オシャレだったりスタイリッシュだったりフワッとした感じだったりの名称が多いです。

一方、「和室と襖の雰囲気を感じる名前（○○荘など）」は名称が古めかしいせいで、検索ポータルサイトでクリックすらされないこともあるのです。

ただ、**現況での入居者が多い場合には、安易な変更は注意が必要**です。

なぜなら、入居者としては長年慣れ親しんだ思い入れのあるアパート（マンション）名かもしれないですし、郵便物や宅配便を受け取る際の住居表示の一部として使用していることでしょう。

実際、自治体レベルで行われた「平成の大合併」などで、「転居していないにもかかわらず、『○○町』から『△△市』に住居表示が変わりいろいろ面倒だった」などの経験をされた方も結構いるはず。

また、頻繁な名称変更も入居者にとっては嫌なもの。一棟アパートや一棟マンションのオーナーとなって、意気揚々と名称変更に臨む気持ちは分かりますが、とりあえず、今の名称はいつ頃つけられたものなのかについても確認しておくべきです（例えば、去年変わったばかりなのにまた変わるとなると面倒ですよね）。

そもそも、**現況の入居状況が良好な場合には、無理に名称を変更する必要はありません**。たとえ、「鈴木ハイツ」や「佐藤マンション」といった他人（前所有者）の名が入っているなどで気に食わなくても、賃貸収入がしっかりと得られているのであれば、そこは我慢しましょう。

ちなみに、新築一棟モノの場合については嫌でも名称を決めなければなりませんが、もちろん大家さんの自由。好きなアニメキャラの名前でもいいですし、「○○と仲間たち」のような、どこかの政党のような名前でも構わないのです（リーシングに難がありそうですが……）。

A：可能ですし、リーシングにも影響がありますので、現状の入居率が低い場合には検討してみるのもよいでしょう。逆に、現況の入居状況が良好な場合には、無理に名称変更する必要はありません。

## Q63：大家さんになると確定申告が大変？

**不動産の賃貸運営を始めたら、確定申告は「必須」**です。

ただ、帳簿付けや申告業務を税理士さんにお願いするか、自分で税務署に聞きながらチャレンジするかなどについて悩むのは、大家さんになってしばらく後（物件取得から翌年の2月頃まで）で構いません。

投資用不動産を取得し、賃貸運営を始めたら、まず税務署に次の書類を提出しましょう。

・個人事業の開業届（個人事業の開廃業等届出書）――事業開始等の事実があった日から1ヶ月以内。

・青色申告の届出（所得税の青色申告承認申請書）――開業後2ヶ月以内。

なお、提出先はどちらも管轄の税務署で、同時提出でもOKです。

青色申告をするには、事前に届け出をしておくことが必須のため、直前になってからでは白色申告しかできない点に注意してください。先にこれだけ出しておけば、後は、確定申告時期に自分でやるも税理士さんにお願いするも、バタバタと対応・対策することができます。

不動産投資で青色申告というと、「青色申告＝事業所得者に対する65万円特別控除」が有名で、事業規模が大きな人がするものというイメージがあるかもしれません。よって、「事業規模の小さな自分には関係ない……」などと思っている方も多いですが、**単純に青色申告するだけで規模にかかわらず10万円分の控除が付いてくる**のでやるべきです。

そして、確定申告は本来誰にでもできるものです……が、今までやったことのない人に対して、「楽勝です！」と、私は言えません。

自営業者などで、日頃から会計ソフトや帳簿付けに慣れている方にとっては簡単かもしれませんが、ずっとサラリーマンとして給与所得だけを得ていて、申告を一度もしたことがない方などは、確定申告に身構えてしまうのも当然です。

そもそも確定申告というものは、1月1日から12月末日までの年間の儲け（または損失）を申告し、税金を納付する（還付される）ものです。給与所得オンリーの人は、毎月の給与からの天引きと年末調整で済んでしまうため、いざ不動産所得が発生するまで、縁がない人も多いはず。やったとしても、住宅ローン控除の初回の申告や入院などがあったときの医療費控除くらいではないでしょうか。

ただし、給与所得以外に不動産所得や副収入が一定以上ある場合には確定申告をしないと、加算税や延滞税といったより高額な納税が課されることになります。また、不動産投資による収支がマイナスの場合、給与所得と不動産所得を損益通算することで、税金が還付されることもあります。

話を戻しましょう。まず、自分でも確定申告ができるかどうかですが、これは、時期が近づいてからでも、給与所得の源泉徴収票の他、不動産投資に絡む書類（売買契約書・領収書・火災保険・借入関係の費用、賃貸借契約書、修繕費用等）を準備して、国税庁のウェブサイト（http://www.nta.go.jp）の確定申告書作成コーナーを活用してやることもできますし、管轄税務署でサポートを受けながら申告書類を作成、提出したりといったアナログでの動きもできます。

ただ、特に初回の申告は、土地・建物の内訳、減価償却の計算や、購入時の経費などの雛形を作る作業があるので、難易度は高めです。しかも、この1年目の申告で減価償却を間違えると、保有期間中ずっと影響が残るため、**初回だけでも税理士さんにお願いするのは有効**です。

私自身、初回はインターネットで調べた税理士事務所に「確定申告業務のみ」依頼しました。

ここで、気になるのが税理士さんを入れるコストですが、その額は、「活躍の度合い」で変わります。投資用の不動産を複数保有し、総戸数が数十世帯ある場合や、法人を設立しての保有など、規模が大きい場合には、本格的に税理士さんを「雇う」、つまり毎月固定費の発生する「顧問契約」を結ぶメリットがあるでしょう。

この場合の毎月の顧問料は1～2万円前後、他に決算申告の報酬など、年間では20～30万円か、もう少しかかると思います（もちろん規模によっても変わってきます）。

特に、「5棟10室が必要」と言われる青色申告の65万円控除の基準を超えるような規模であれば、複式簿記が必要になるため、税理士先生にお世話になることに意義があります。

しかしながら、不動産投資の初心者の方で、区分ワンルームを2～3戸や、一棟アパート1つといった規模であれば、私のように、**「確定申告業務のみをピンポイントでお願いする」という活用のほうがベター**です。

これであれば、一般的な申告費用は4～10万円程度。事前に依頼する話がまとまっていれば、申告に必要な書類（物件購入時の契約書や運営の領収証など）を、申告する年の1月末頃までに送れば、税理士さんが申告書類を作成、内容確認した後、そのまま電子申告してくれます。

なお、税理士さんを探す際に、昔ながらのやり方としては、親戚や知り合いで自営業をやっている人から紹介してもらったりするのが定番ですが、この場合、期待が外れたときに、紹介者にも税理士さんにも文句が言いづらいという難点があります。

税理士さんの中にも、不動産投資に詳しい人もいれば他のジャンルが得意な人もいますので、紹介してもらった人が必ずしも希望に合うとは限らないのです。

最近では、「税理士紹介エージェント（http://www.zeirishi-shoukaicenter.com/）」「不動産投資家専門！税理士紹介ドットコム（http://www.fudosan-zei.com/）」などのウェブサイトがあり、これらを利用して実際に複数名と面談・相談のうえ、「良さそうな人」を選別して依頼することもできるので、参考にしてみてください。

確定申告についてまとめると、「投資規模が小さい場合は、自分で申告するか税理士には申告業務のみピンポイントで依頼」。「規模が大きい場合は、顧問契約で税理士活用」というケースが多いです。

ともあれ、あくまで不動産投資の目標は「投資によって収益を上げること」であり、「自分で確定申告をできるようになること」でも「税理士費用を抑制すること」でもありません。また、サラリーマン大家さんの方などは自分でやろうとして時間と体力を消費し、本業がおろそかになったりすれば元も子もありません。費用対効果を考えて動くようにしましょう。

A：不動産の賃貸運営を始めたら確定申告は「必須」で、自分でやるとなると大変ですが、申告業務のみ税理士さんに依頼もできるので、費用対効果を考えて動きましょう。また、規模にかかわらず10万円分の控除が付いてくるので青色申告でやるべきです。

## Q64：サラリーマン大家さんの場合、不動産投資が順調ならば会社を辞めて大家業に専念すべき？

純資産と賃料収入が相当な規模になるまでは、**絶対に辞めるべきではありません。**

不動産投資から得られる賃料収入――毎月得ることができるインカムゲインとしては、確かに安定性があるものの、それは永久的に保証されているものではありません。

満室経営の賃料・表面利回りは、あくまで最大瞬間風速・最高気温のようなものであって、一時的には弱くなったり冷え込んだりすることもあります。

基本的に、サラリーマン大家さんは本業の収入を「メイン」、不動産投資で得られる賃料収入は「サブ」と考えるべき。少しばかり「サブ」の調子がいいからといって、それだけで暮らしていこうとするのはとても危険な行為です。

また、中途半端な規模で本業を捨て、「専業大家さん」になってしまうと、不動産投資の基本である「買って」「持って」「売って」の繰り返しによる拡大も難しくなります。

具体的には、サラリーマンという軸足がなくなることで、金融機関が融資をしてくれなくなり、次の物件の購入ができなくなる可能性が高まります。

また、空室が増えたり、修繕コストが増加してキャッシュフローが減衰したときに、本業収入からの補填という保険が使えずに維持や保有ができなくなることがあります。

そして何より一番恐いのは、**売却すると収入そのものがなくなるため、「売却」という選択そのもの**

**がNGになります**。こうなると、完全な手詰まり状態です。

不動産投資の初めの段階においては、「サラリーマンであることの信用」を上手く活用して融資を組み立てているパターンが多いです。その梯子《はしご》を早過ぎる段階で外してしまうと、進むことも戻ることも出きなくなってしまうのです。

実際、私が以前、「バランスシートに重点を置いた不動産投資セミナー」を開催したときのこと。顔が青ざめているお客様がいました。

セミナー後の個別相談でその方にお話を伺うと、約2年間で地方に新築木造アパートを3棟購入し、「不労所得ゲットしたぜ!」と、勢いよく退職してしまい後悔しているということでした。

新築かつ木造ですから、建物の評価はなかなかのスピードで落ちていきます。また、賃料の下落についても、次の募集や、次の次の募集の際には甘い見通しはできません。

結果、築年数の経過に伴う賃料の下落・修繕コストや減価償却額の縮小を補填するために次の物件を購入することもできず、生活費も必要なので満足なリノベーションを施せず募集コストをかけられない。また、新築で購入しているので売却してもキャピタルロスが出るうえ、売れば収入そのものがなくなってしまう……青ざめる気持ちも分かります。

「5000万円、利回り10%(年間の家賃収入500万円の物件×3棟＝年間1500万円の家賃収入)」とのことで、確かにこの数字を見ると、「年収が1500万円もあるし磐石じゃないの?」と思ってしまうかもしれません。

しかし実際には、地方の価格の安い土地の上に「今だけ価値のある」建物が乗っかって、そこに諸費用まで入れた大きな借入れ（オーバーローンかつ安くない金利で融資を引っ張っているという状況でした）がついているわけです。

そして、1500万円の家賃収入もあくまで「売上高」。返済や経費を差し引いたキャッシュフロー（手元に残るお金）は、普通のサラリーマンと変わらない収入だったりします。

オーバーローンでの購入なので、残債務はなかなか減らず、とても建物価値の下落には追いつきません。購入時から債務超過状態であるものが、さらに拡大している形です。評価損だけであれば、「売らない選択」もありますが、賃料の下落が極端な場合は保有がとてもキツくなります。

「早期リタイヤして専業大家さんになることが夢だ」という方は多いですし、このお客様もある意味それを達成しているのですが、さすがに辞める判断が早過ぎたと思います。

少なくとも、サラリーマンの年収ぐらいのキャッシュフローでは、家賃収入でリタイアなど考えないほうが無難です。一概にいくらとは言えませんが、バランスシート上の「純資産」が数千万円、年間のキャッシュフローが1000万円くらいあってやっと、「思い切るのもアリかな？」という感じではないでしょうか。

A：「サラリーマンであることの信用」を失ってしまうと、まずは融資が難しくなり、物件の保有・維持が立ち行かなくなり、売却したくても無収入になるため売るに売れないという手詰まり状態になる可能性が高いです。リタイヤに憧れる気持ちは分かりますが、純資産と賃料収入が相当な規模になるまでは、絶対に辞めるべきではありません。

## Q65：経営が順調ならばいつまでも物件を保有し続けるべき？

これは、実は難しい問題で、不動産投資家によって考え方が異なります。

「お金が入ってくるものを売る必要なんかない！」と主張する方もあり、これはこれで間違っているとは言えませんが、私は、**「売れるときに売っておいたほうがよい」**と思っています。**購入時のシミュレーションから、保有予定期間を迎えた時点で売却を検討すべき**です。

私を含め、お金が入ってくる投資用の不動産を「一定時期に売った方がいい」「出口ありきだ」という人がいるのは、**建物について「資産価値の減少」と「物理的な老朽化」があるから**です。

不動産は、土地と建物で構成されており、そのうち土地については価格・資産価値の硬直性があります。地価公示が毎年発表されるように、「変動しない」わけではありませんが、その変遷は緩やかです。対して、建物部分については、年率数％が資産価値から確実に減少していきます。構造（鉄骨か木造かなど）によって、その減価スピードは異なりますが、「実際に建物が使えるか」「賃料に直接の影響があるか」にかかわらず、公的な評価額とそれに伴う金融機関評価は徐々に減少していきます。

投資用の収益不動産は、個人の住宅ローンと異なり、物件面の築年数や積算評価も融資において大きなウエイトを占めるので、古くなればなるほど買い手は融資を利用しにくくなります。このため、超長期保有の場合などは、最終的に買い手を選びにくくなり、マーケット相場よりも相当に安く売らざるを得なくなることが多いのです。

また、区分マンションの場合、「建物価値が最悪ゼロになっても価値ある土地が残る」という状況にもなり得ません。土地の権利（敷地権・所有権）は持っていても、結局建物と分けて売ることはできないからです。よって、区分マンションを超長期保有すると、ゼロにはならないまでも、最終的にその資産価値はほとんどなくなってしまいます。

マンションが建替えられれば価値が復活するかもしれませんが、複数の所有者がいることから、そもそも建替え自体のハードルが高く、仮に建替えられても、追加費用の捻出が必要なケースもありますし、建替えてその価値が復活するかどうかも未知の話です。

こういった、「資産価値の面」から、区分マンションも、ある程度の時期で見切りをつけて売却したほうが無難なのです。

一方、特に一棟モノの場合には、物理的な老朽化も問題です。新築後、5～10年間は、修繕と言っても入退去時の原状回復工事など、室内の設備や表装（壁紙など）といった簡単なものがほとんど。ただ、10年、15年、そして20年を超えると、屋上防水工事や外壁など、共用部分の大規模修繕を無視できなくなります。特に建物規模が大きい場合は、数百万円かそれ以上かかってもおかしくありません。

「収益物件として、賃料収入（インカムゲイン）を一定期間得て、買い手の付く間に適正な金額で売却し、次の物件へと拡大していく」――このようなサイクルが、私の考える理想的な不動産投資です。

**A：不動産投資では、建物について「資産価値の減少」と「物理的な老朽化」という大きなリスクがあるため、予定の保有期間が到来したら売却を検討すべきです。**

## Q66：不動産投資が順調ならば、物件を2つ3つと増やすべき？

**購入に見合う物件があれば、増やすべき**です。

資産を拡大するに当たって、「先月購入したばかりだから……」、「金額が大きいから……」などと、対象が「不動産」であることを理由にブレーキをかける必要はありません。

株式投資に置き換えてみましょう。割安で購入できて、配当も良く、利益を取れる見込みの高い銘柄が目の前にあれば、たとえ一日前に他の株を取得していても躊躇なく購入するのではないでしょうか。「買って」→「持って」→「売って」という流れの不動産投資ですが、「持って」にあたっては、適正なものであればいくつ保有していても構いません（もちろん、追加購入していくだけの現金や融資の余力がないと、そもそも増やしていくことはできませんが……）。

不動産投資においては、同程度の収入をもたらす不動産を取得するという条件であれば、2つ保有すれば、単純に収入が倍に増えます。キャッシュフローの積み上がりが倍々に増えていくのは、通帳を見たときに眺めがいいものです。

ただし、**注意しなくてはいけないのが、いわゆる「買いたい病」**。

1棟目（1物件目）で味をしめて、2件目・3件目の購入目線が緩くなってしまう、あるいは、「融資の枠が一杯」と言われて、「買えれば何でもいい」となってしまう……このような状態が「買いたい病」です。

不動産業者側から見れば、この状態で買える余力のあるお客様は、ただの「カモネギ」ですので注意してください。「購入そのもの」ではなく、「適正な物件の購入」が目的なのです。

保有できる一杯までたどり着いたときに、保有物件の1つを売却し、その賃料収入（インカムゲイン）の積み上がりと売却益（キャピタルゲイン）を持って、次の適正な物件に組み替えていく、これを繰り返していく拡大が理想的です。

言い換えれば、保有できる一杯に至っているにもかかわらず、賃料収入の積み上がりが少なく（またはマイナスで）、売却しても損が出てしまうというのが、不動産投資における「手詰まり」の状態。

それでも、返済が賄えている限りは、拡大は停滞するものの、すぐさま投資そのものが破綻したりしないのが不動産投資の良いところ。「完済まで耐え切って超長期的に回収していく」「マーケットの上昇を虎視眈々と狙う」など、スピード感はなくなりますが、時間をかけることで、状況が改善する場合もあります。

投資用不動産の数を増やすのは構わないけれども、「脇を締めて」これが鉄則です。

**A：額が大きいので躊躇しがちですが、適正な物件で、実際に購入できる余力があれば、増やしていくべきです。ただし、「買いたい病」には注意してください、**

## Q67：「最良の売却時期」はいつ？

当たり前ですが、マーケット相場の「一番高く売れる時期」が「最良の売却時期」です。

**近い将来では、「東京オリンピックの時期（2020年）」と言われています**。業界の内外にかかわらず、過去のオリンピック開催国のデータなどから、大筋「それに倣った動きをするのでは」との予想をしている人が多いです。

そのため、今の時期（２０１５年7月現在）に購入してオリンピック時に売り抜ける！　というのは絵が描きやすい事業プランです（もちろん成功するとは限りませんが）。

個別案件における売却判断において、マーケット相場の時期以外には、**物件購入時から「正月を6回迎えたか？」というのは外せないポイント**。これは個人投資家における「短期譲渡所得」になるか、「長期譲渡所得」になるかの境目の話です。

というのも、保有期間5年以内での「短期譲渡」の場合は39％、5年を超える「長期譲渡」の場合は20％の譲渡税（国税と地方税の合計）が譲渡益に課されます。

仮に１０００万円の利益が出た場合には、短期譲渡ならば４００万円近く持っていかれますが、長期譲渡なら２００万円。これは大きな違いですよね。

なお、「正月を6回」というのは、取得の日から譲渡の日までの保有期間で判定するのではなく、１月１日現在の所有期間で判定するため、6度目の1月1日を迎えてようやく「長期」になるというわけです。

この税率だけを見ると、誰もが「長期になってから売るに決まっている！」と思うでしょう。ただ、難しいのが、5～6年間で建物は古くなりますし、相場は変動する（景気が後退して相場が下がる）可能性があること。「あのとき、短期譲渡で税金が多くても売っていれば……」というケースもあることから、どちらが正解かは、売ってみて初めて分かるのです。

それでも、不動産のマーケット相場は他の金融商品に比べると動きが緩やかです。そのため、**シミュレーションの活用に意義があります**。

不動産投資における最も理想的な形は「毎月・毎年儲かっているし、売却すれば利益が出る状態」、つまり、「投入した自己資金よりも売却価格が高く、かつ保有中の累計キャッシュフローがプラス」という状態です。

しかしながら、現実には露骨に売却益を見込めるような物件を取得することは容易ではありません。手堅い勝ち方は、「売却時には若干のマイナス（キャピタルロス）になっても、毎月・毎年のキャッシュフローの積み立てのほうが大きくなる状態」、つまり、「投入した自己資金より売却金額は少し低いか同等だけど、保有中の累計キャッシュフローを考えれば全体ではプラス」という状態です。

後者については、時間のかけ方で成否が異なります。賃貸として稼動する適正な物件であれば、長期的に持てば持つほど、累計のキャッシュフローは多くなります。反面、建物は古くなりますので、売却できる金額と賃料のダウン、修繕費等経費率などのアップを見込む必要があります。

そして、これらについては本書でも触れた、「リーファァ」などのシミュレーションを活用しつつ、「○年後に売るのがよさそうだ」という「アタリ」をつけておき、年に数回は、リアルとの整合性をチェック。

インカムとキャピタルのトータルでの利益が最大化になり、売却を見込める時期――これが、現実的な最良の売却時期です。

Ａ：マーケット相場の「一番高く売れる時期」での「長期譲渡」が最高ですが、現実的には、少々のキャピタルロスがあっても、トータルで勝っている時期に売れればＯＫです。その時期を判断するためのシミュレーションをしておきましょう。

# Q68：物件を売却するときのポイントは？

不動産マーケット相場全体の上昇、近くに駅や商業施設ができるといったエリア的な要因でのプラスなど、保有物件の資産価値の向上を見込める価格の上振れは、不動産オーナーとしてとても嬉しいものです。

そして、所有物件の価格が何らかの理由で少しでも上昇したら、「今売って利益を確定させたい！」と思う方もいるでしょう。

ただし、不動産の売却には、超えなければならないハードルがいくつかあります。

具体的には、**「既存借入れの金融機関の対応」「その時点の買い手の状況と環境」「キャピタルゲイン（またはロス）をどこに設定するか」**の3つが大きなポイント。

売却にあたっては、借入れをしているのであれば、まず、「銀行のＯＫ」をもらわなければなりません。借入れの返済、及び抵当権の抹消が必要になります。

「購入金額よりも高く売れる＝返済してもお金が余る」とは限りません。購入時、物件価格そのものの「フルローン」ならまだしも、物件価格に諸費用や修繕費用を乗せた「オーバーローン」で借入れをしている場合などは、ローンの返済がそこそこ進んでからでないと、返済が賄えない・利益が出ないパターンもあるのです。

また、あまりに短期での投資用不動産の売却の場合、金融機関によっては機嫌を損ねてしまいます。購入時点で、「長期的に賃貸経営して運用したいので、20年、30年のローンを組ませてください」などと相談し、長期のアパートローンを引っ張ったにもかかわらず、数ヶ月で売却して一括返済！　となれば、「話が違うよね……」と思われてもおかしくありません。

そして、その際は繰り上げ返済と抵当権の抹消に協力してもらえても、次の物件の購入時に門を閉ざされてしまうこともあるので注意が必要です。

ただ、短期の売却（に伴う一括返済）をポジティブに捉える金融機関もあるので、具体的に物件を売却に出す前に、またはそもそも借入れをする際に、金融機関の担当者にヒアリングしておきましょう。

例えば、「仮に、高く買ってくれるような買い手が出てきたときには、購入してからどれくらい経てば売却を考えていいですか？　短期間だと問題ありますか？」などと話しつつ、「まあ、お金が入ってくるものだし、すぐに売るようなことは考えてないですけどね。ハハハ」などと濁しておけば、相手の反応も見えますし、角を立てずに済みます。

なお、**大部分の金融機関では、繰り上げ返済時の手数料（違約金）が設定されています**。返済額の２％程度の設定をよく見かけますが、仮に１億円なら２００万円です。小さな額ではありません。一括返済するタイミングになるまで忘れていることも多いので、注意が必要です。

次に、不動産の売却については、いつ・どのような購入希望者が現れるのか、また、希望者がいたとしてその人が物件を購入できる力（属性や資力）があるのか、さらに、そのときの融資情勢からその物件に融資が付くのかという問題があります。

これについては、売却が具体化するまでどうなるか分かりません。事前にできるのは、「この物件なら、こういう融資の組み立てで、この程度の年収の人なら購入できるだろう」といった予想のみです。

売却時の仲介手数料、融資の繰り上げ返済手数料、抵当権の抹消費用など売却の諸経費、「買える人」が現れるのか……こうした様々なことを考えると、マーケット相場の上昇度合いにもよりますが、プロレベルの仕入れでなければ「購入直後にちょっと上がった」程度だと、なかなかキャピタルゲイン（売却益）を得ることは難しいのです。

しかも、前項でも触れましたが、個人での不動産の売却・譲渡に際しては、それによって利益が出る場合、その利益に対して「譲渡税」が発生し、特に、短期（5年以下）での売却だと39％という高い税率です（5年超の長期なら20％）。

株や債券・FXなどの金融商品と異なり、不動産の売却には時間とコストがかかるもの。ですので、基本的にはやはり**最初から適切な売却時期と売却額を計画しておき、多少の相場の上昇に惑わないことが大切**です。

ちなみに、相場が急上昇してすぐさま売りたい場合などは、その「上昇したマーケット相場」より少し安く（利回りを高く）見せる価格帯での販売であれば、比較的時間がかからず売却できる可能性が高いです。逆に、欲をかいてマーケット相場よりさらに高く（利回りを低く）売ろうとすると、時間がかかるか、時間をかけても売れない場合もあります。

A：不動産は他の金融商品などとは異なり、売却には時間とコストがかかるため、最初から適切な売却時期と売却額を計画しておくこと、そしてわずかな相場の上昇に惑わないことが大切です。

## Q69：「売主」としての不動産業者の選び方は？

大家さんになれば、今度は売却時に「売主」として不動産売買の仲介業者と付き合うことになりますが、その際、どのような業者を選べばよいのでしょうか。

売主としての目的は、当然ながら物件を「高く売る」ことです。

そのため、**販売力のある業者で、とりわけ自社で顧客を持っているところが理想的**です。極端な話、仲介手数料以外に１００万円多く払おうとも（業法違反はもちろんダメですが）、それ以上の価格で売ってくれる不動産業者は、売却における最良のパートナーです。

そして基本的には、やはり買主の際と同様、「投資用不動産に特化した不動産業者」が、売主として付き合う場合も頼りになることが多いです。

それにあたり、現代では、ウェブの「一括査定サービス」などを活用してみるのがいいでしょう。例えば「楽待」の場合、売却したい物件を登録すると、最大５社の不動産業者がその物件の査定をしてくれるので、どの業者がどのくらいの価格で物件を査定するのか比較できるようになっています。

私自身、初めて保有した物件はすでに売却しているのですが、その際、当初は知り合いの不動産業者に依頼していたものの、最終的には、楽待の一括査定で手を挙げた業者を通じて成約となりました。

物件の売却についての流れは、まず簡易査定に始まり、不動産業者との媒介契約（売主が物件の販売活動を依頼する契約）の締結を経て、販売活動の開始となります。

査定の依頼を受けた不動産業者は（物件にもよりますが）、当然ながら媒介契約がほしいので、綺麗な査定書や高い値段付けなど、いろいろアピールしてきます。

ちなみに、媒介契約には、「一般媒介契約」「専任契約」「専属専任契約」の3種類があります。一般媒介契約は、売主が複数の不動産業者に同時に販売活動を依頼することができ、「専任」の名がつく2つは、売主の窓口となる不動産業者が1社に絞られます。

そして、専任契約と専属専任契約で大きく違うのは、「自己発見取引」の可否。友人や親族が買うなど、売主自身が買主を見つけたときに、仲介業者抜きの契約ができるのが専任。売主が見つけた買主でも、あくまで仲介業者を通して、仲介手数料を支払い契約となるのが専属専任です。

専任契約、専属専任契約については、売主（不動産オーナー）から見ると、情報の出入り口が1社に絞られるため、連絡の煩雑さが少なく楽になります。その窓口となる1社から、顧客（潜在的な買主）に情報が拡散されていくイメージです。

ただし、専任契約にしてしまうと、任せた不動産業者が、両手契約（売主・買主両方からの仲介手数料を得られる契約）を狙って情報を囲い込んだり、不動産投資の知識や集客力が弱い場合でも、他の業者と比較できないため、客観的な判断が難しいという問題もあります。

一方、一般媒介契約においては、不動産業者によってアドバイスの内容が全く違ったり、複数の業者との連絡が煩雑になったりするため、売主としては、情報の取捨選択力や判断力が求められます。

それでも、やはり複数の不動産業者に販売活動を依頼できるという点は大きなメリットです。仲介手数料もあくまで成功報酬ですので、何社に依頼しようと、成約した1社に支払えばＯＫなのです。

「複数の業者との連絡は面倒だし、初心者だからやる気のある1社に任せるか……」と、専任や専属専任契約で売却の窓口を固定するのも一手ではありますが、専任という立場にあぐらをかいて、積極的な販売活動に動かないケースもあるので、私は、**一般媒介契約で複数の不動産業者に販売に動いてもらうほうをお勧めします**。

また、各不動産業者に販売進捗を確認するためコンスタントに連絡したり各社の動向を知ることで、複数者の不動産業者（及び営業担当者）との人間関係が深まっていきます。

加えて、売却の話から、次に購入する物件の情報に繋がる可能性もあります。「売りたい物件があるんだけど、お願いできますか？　それと、何か買える物件ありますか？」という「売主だからこそできる」不動産業者の懐への入り方もあるのです。

**Ａ：販売力のある業者で、とりわけ自社で顧客を持っているところが理想的です。また、買主の際と同様、「投資用不動産に特化した不動産業者」のほうが頼れるでしょう。媒介契約については、「専任」や「専属専任」より、「一般媒介契約」で、複数の業者に販売活動を依頼することをお勧めします。**

## Q70：経営が苦しくても物件の保有は続けるべき？

損失が出続けるような不動産投資は、後にペイできてプラスになるような見込みがない限り、**即刻見切りをつけるべき**です。傷口は、浅いうちに処理する方が身のためです。

それにはまず、自分の行っている投資が成功か失敗かを知る必要があります。

「予定よりお金が全然入ってこない」「毎月、返済のために給与所得から持ち出しがある」ような場合は要注意。「おかしいかも……」と、不安になってきたらまずは相談です。ただし、その際は販売してくれた（売りつけた）業者や営業担当者に相談すべきではありません。彼らは、お客様に「失敗」と思われたくないがゆえ、「投資の過程ですから……」などといった曖昧な回答をしてくるのが関の山でしょう。

そこで、医療と同じく、セカンドオピニオン、サードオピニオンとなる**「他のプロ」に話を聞いて判断材料とすることをお勧めします**。具体的には、投資用物件を扱う不動産業者や、「大家の会」などに所属し、投資家としてやり込んでいるプロ大家さんが相談の対象として有効です。

本人が失敗と思っていない（そう思い込むようにしている）ようなケースでも、知識のある第三者に客観的に見てもらい、「それは失敗です」と指摘されたら、物件の売却を検討すべきです。

ただ、もちろん儲からない不動産投資の「手仕舞い」には痛みを伴います。

例えば、思ったほどお金が入ってこないため手放したい物件があり、当初の借入れが２０００万円、数年の保有期間を経て残債務が１８００万円、売却できるであろう価格帯が１５００万円だとします。

この時点で３００万円が不足していますが、加えて売却時の諸費用（仲介手数料等）で約60万円、合計３６０万円程度の現金が手仕舞いに必要な「持ち出し」となります（他、印紙代や返済手数料も）。ずっと耐えてきて、最後に３６０万円のマイナスで終わる……投資としては完全に失敗です。

本当に、そんな痛みを飲み込み損失を確定させて、見切りをつけなければならないのか？　と考える方もいるでしょうし、実際、所有している不動産の価値が半分になったとしても、「俺は失敗していない。持っていればそのうちプラスかもしれない！」と保有を続けるのも、返済が滞らない限りは自由です。

しかし私は、冒頭にも記した通り、損失が出続けている場合は、明確な逆転のシナリオがない限り早目に手放すことをお勧めします。なぜなら、不動産は外貨や株式と違い、歳月の経過に伴って建物が古くなり設備は陳腐化し、賃料はゆっくりと下落していくのが定石だからです。

賃料が下がれば、利回り・売却価格に直結します。**保有を続けて残債務額が減っていっても、それ以上に売却できる価格が下がってしまえば、結局損失は拡大してしまいます。**

特に恐いのは、現状の稼動（賃貸状況）が良いにもかかわらず、収支がトントンか少しの持ち出しであるような状況。こうした場合、今後の大きな改善を簡単には見込めません。むしろ、状況は少しずつ悪化していく可能性が高いので、近いうちの売却を検討すべきだと思います。

不動産投資においては、傷口をそれ以上広げないための「勇気ある撤退」も時には必要なのです。

**A：「怪しいな」と思ったときには利害関係のない不動産投資のプロの意見を仰ぎ、「失敗」と判断されれば、傷口を広げぬよう、損失が出ても早目の売却を検討すべきです。**

# 第8章
# とにかく気になる様々な疑問

## Q71：物件の売買に関する「書類の見方」にもコツがある？

投資用不動産の売買時には、様々な「書類（文書）」が登場しますが、ここでは、書類チェックのコツと押さえるべきポイントを解説していきたいと思います。

売買に関して取り交わされる書類は、主に次のようなものがあります。

・物件精査時点での書類――「販売図面（物件概要）」「レントロール（賃料表）」「シミュレーション」「謄本、公図、測量図など法務局資料」

・売買契約に進む段階での書類――「賃貸借契約書」「入居申込書」「ケーブルテレビやガス会社などの契約書」

・売買契約時の書類――「売買契約書」「重要事項説明書」「物件状況報告書」「設備表」「領収証（手付金）」

・決済時の書類――「取引完了書」「領収証（残代金・固都税、賃料の清算金）」

では、これらの書類のどこを見ればいいのかについて、具体的に説明していきましょう。

投資用不動産の取得においてまず目にするのは、物件の概要が記載された「販売図面」や、ウェブサイトなどに掲載された「物件概要書」などの情報ですが、販売図面（「ファクトシート」などとも呼ばれます）の右下、あるいは、ウェブスタイルの概要書の場合は下部に大抵、「備考欄」が設けられていますので、ここは押さえましょう。

事件・事故のあった物件だと「告知事項有」、違反建築物の場合などは「容積オーバー」や「再建築不可」などが記載されるため、例えば、安くて何かありそうな場合など、パッと見の判断ではこの「備考欄」を見るのが早いです（ただし、テキトーな不動産業者だと書いていないことも少なくないので、あくまで簡易診断です）。

続いて、シミュレーションに重要なのが「レントロール（賃料表）」。これを見れば、部屋ごとの賃料のばらつきや、稼動状況、入居時期、賃借人の傾向（学生・社会人・ファミリー等）が把握できます。

特に、高めの賃料で入居している部屋は、次の退去・募集時には、その賃料のままでの入居を見込んではいけません。「SUUMO」や「ホームズ」などの賃貸検索サイトで類似の物件がどれくらいで募集されているのか、それと比較して、相場賃料より高いのか、安いのかという確認をします。

なお、不動産業者がシミュレーションを提示してくれる場合は、税引前の収支やキャッシュフローまで分かるため、判断しやすくなりますが、**シミュレーションの前提条件には注意**。単純な満室想定に目が行きがちですので、空室率5％などでも運営できるのかを意識しましょう。

なお、法務局の資料、謄本や公図・測量図などについて、今ではウェブでも取得できますが、費用がかかるので、真剣に検討する物件については、不動産業者に用意してもらいましょう。

特に、謄本を見れば現在の所有者が「いつから（誰が）持っているか」や「どこの金融機関でいくら借りたのか」が分かります。これによって、**どういう事情で取得したのか、ローンの残りがどれくらいなのかといったことを類推できます**。

賃貸借契約書は、レントロールとの整合性をチェック。特に、賃料や共益費、敷金など数字の部分をチェックします。

そして、取得しておきたいのが入居申込書。**入居者の勤務先や家族構成、年齢などの詳細は賃貸借契約書ではなく、入居申込書に記載されています**。自分の持つ物件にどんな人が住んでいるのか……知りたいと思うのは当然の心理ですよね。

また、ケーブルテレビやガス会社との契約書などについても、売買契約の前に見ておけるとベターです。

売買契約時は、**売買契約書の「特約」と、重要事項説明書の「容認事項」を要チェック**。ここにイレギュラーな項目が羅列されるからです。「購入する側に不利な特約」が盛り込まれていたり、容認事項に「飲み込めないような内容」がさらっと入っていたりしないかをしっかり確認してください。

全体的に大事なのは**遵法性《じゅんぽうせい》と収支面の確認**です。遵法性（建築基準法や安全条例を満たしているのか）は、売却時のキャピタルゲイン（またはロス）に直結しますし、退去の予告や滞納はないか、また、オーナーの負担となる支出項目が隠れていないか、といった点で保有中の収支が変わるため、最後まで念入りに確認すべきポイントです。

**A：投資用不動産の売買時には局面によって様々な書類が登場しますが、ここで挙げた部分を入念にチェックするようにしてください。とりわけ重要なのは、遵法性と収支面の確認です。**

## Q72：物件は何年でどれくらい価値が下がる？

全ての物件が「何年間でいくら下がります」と一概には言えませんが、基本的には減価していきます。**特に、新築物件のほとんどは下がります**。

新築分譲の区分ファミリーマンションなどでは、当初からしばらく相場の下がりにくい「分譲割れしにくいマンション」なども確かに存在しますが、それは超優良立地のごくごく一部の話です。

物件価値の低下要因は大きく2点。それが、**「建物価値の低下」**と**「賃料の低下」**です。それぞれ**「積算評価」**と**「収益還元評価」に直結**します。

積算評価の建物減価は、**「建物価格÷法廷耐用年数＝毎年の減価額」**という計算で求められます（積算評価は「土地と建物の合計」ですが、土地は資産価値に硬直性があるためここでは割愛します）。

まず、建物価格ですが、「構造別の建物単価×延床面積（平米）」で算出します。

ただし、建物の単価は金融機関によって係数が異なります。鉄筋コンクリート（RC）構造の物件があったとして、平米単価18万円で見るところもあれば、25万円で見るところもあります。

一例ですが、東京法務局の「認定基準表」というものもあるので、参考にしてみてください（表1）。これだと、RCの共同住宅は平米単価13・9万円になっています（「東京法務局管内新築建物課税標準価格認定基準表【http://houmukyoku.moj.go.jp/tokyo/static/ninteikijyunnhyou.pdf】」より抜粋）。

続いて法定耐用年数ですが、これについては詳しい人は暗記しているかもしれません。表2は、国税

（基準年度：2014 年度／1 平方メートル単価／単位：円）

※「れんが造・コンクリートブロック造」の建物について、堅牢、強固な場合には下段括弧書きがある種類はその額を用い、下段括弧書きがない種類は個別に認定する。

※本基準により難い場合は、類似する建物との均衡を考慮し、個別具体的に認定することとする。

| 構造／種類 | 木造 | れんが造・コンクリートブロック造 | 軽量鉄骨造 | 鉄骨造 | 鉄筋コンクリート造 | 鉄骨鉄筋コンクリート造 |
|---|---|---|---|---|---|---|
| 居宅 | 86,000 | 64,000（103,000） | 97,000 | 115,000 | 139,000 | 154,000 |
| 共同住宅 | 85,000 | 64,000（103,000） | 97,000 | 115,000 | 139,000 | 154,000 |
| 旅館・料亭・ホテル | 71,000 | 78,000 | 81,000 | 135,000 | 138,000 | 182,000 |
| 店舗・事務所・百貨店・銀行 | 71,000 | 73,000（104,000） | 60,000 | 108,000 | 126,000 | 146,000 |
| 劇場・病院 | 82,000 | 78,000 | 81,000 | 135,000 | 138,000 | 182,000 |
| 公衆浴場 | 59,000 | — | — | — | — | — |
| 工場・倉庫・市場 | 37,000 | 52,000 | 44,000 | 74,000 | 113,000 | 102,000 |
| 土蔵 | 90,000 | — | — | — | — | — |
| 附属家 | 44,000 | 62,000 | 52,000 | 88,000 | 134,000 | 121,000 |

（表 1）東京法務局管内新築建物課税標準価格認定基準表

| 構造 | 耐用年数 |
|---|---|
| 軽量鉄骨構造 | 19 年 |
| 木造 | 22 年 |
| 鉄骨（S）構造（肉厚が 3 ミリを超え 4 ミリ以下） | 27 年 |
| 鉄骨（S）構造（肉厚が 4 ミリを超えるもの） | 34 年 |
| 鉄筋コンクリート（RC）構造 | 47 年 |
| 鉄骨鉄筋コンクリート（SRC）構造 | 47 年 |

（表 2）住居用建物の構造別法定耐用年数

庁のウェブサイト（https://www.keisan.nta.go.jp/survey/publish/34255/faq/34311/faq_34354.php）より「住宅用のみ」を抜粋して作成したものです。

さて、建物の延床面積が「２００㎡」の「木造」アパートがあったとします。

まず、表1を用いて計算すると、建物価格は、「8万５０００（木造の平米単価）×２００（延床面積）」で１７００万円です（現実には１７００万円で建築できるわけではありませんが、ともあれこれが建物評価となります）。

次に表2から、木造建物の法定耐用年数は22年であることが確認できます。

これらを最初の式（「建物価格÷法廷耐用年数＝毎年の減価額」）に当てはめると、「１７００万（建物価格）÷22（法定耐用年数）」で、約77・2万円です。

よってこの物件は、毎年約77・2万円分、**すなわち約4～5％価値が減る**ということです（同じ面積で構造がＲＣなら毎年約２％です）。

すでに述べた通り、金融機関によって構造別の平米単価や耐用年数の見立ては若干異なりますが、この計算式で見ている金融機関が多いのです。

よって、金融機関と話す機会があれば、「平米単価はいくらで、耐用年数何年で評価するんですか？」と聞けば、右の計算式をそのまま活用することができます。

そして単年度の減価額が分かれば、例えば**中古物件の購入を検討する際に、経過年数分を元々の建物価格から差し引くことで、大まかな建物の残存価値、つまり積算評価を予想できます**。

ちなみに、不動産仲介業者のポジションから言うと、建物評価の残存額が元々の建物価格の10％を割った時点で下限と判断する場合が多いです。

続いて、「利回り」から見た「収益還元評価」について見ていきましょう。

投資用の不動産の実態は、マーケットにおいて、利回りで見られることが多い為、土地・建物評価だけでなく、「賃料収入がいくら得られるか」が、売買の実勢価格における大きな要因となります。

収益還元評価というのは、要するに利回りから逆算してその物件が生み出す収益性を見るものです。よって、その下がり方を把握するには、「○年後にどれくらいの賃料が得られるか」「○年後にどのくらいの利回りで売れるのか」これを見極めればいいわけです。

そんな収益還元評価の簡易計算方法は、**「物件からの年間収入÷マーケット利回り＝（簡易）収益還元評価」**です。

年間での物件からの収入を、マーケット利回り（販売できそうな利回り）で割ってあげると、ざっくりとした金額（収益還元評価）が出てきます。

そして、「価値の下がり方」については、知りたい「○年後」の賃料（物件の年間収入）を予想して、右の計算式に代入しなければなりませんが、これについては、「ＳＵＵＭＯ」や「ホームズ」などの賃貸検索サイトで、駅距離や地域、間取りなど、収益還元評価を知りたい物件に近いものを検索してみてください。そこから、築年数で絞り込んでいくと、「当該エリアで築○年の類似物件」の相場を掴むことができます。

では、また木造アパートを例に取って見ていきましょう。

新築時の賃料・共益費で月額６・８万円の部屋が６室ある木造アパートだとします。現在のマーケットでは、利回り8％前後で見かけるものとします。

この物件の年間収入は、6・8万円（1部屋の月額賃料）×6戸（総戸数）×12ヶ月＝489・6万円です。そして、マーケット利回りは8％なので、先程の計算式（「物件からの年間収入÷マーケット利回り＝（簡易）収益還元評価」）に当てはめると、「489・6万（「物件からの年間収入）÷0・08（マーケット利回り）」で6120万円。この数字が、新築時の簡易的な収益還元評価です。

さて、同一エリアにおいて、似た間取りで築10年前後の物件を賃貸募集サイトで検索すると、共益費込みで月額賃料5・9万円程度のものが多かったとしましょう。

したがって、前述の建物が10年経過した時点での年間収入は、5・9万円（1部屋の月額賃料）×6戸（総戸数）×12ヶ月＝424・8万円と推定できます。

築10年の木造アパートなので、さすがに新築と同じ利回りでは売買マーケットで売りにくいでしょう。そこで、販売しやすいよう、利回りを「9％」に設定してみます。以上の条件で、収益還元評価を算出してみましょう。

「424・8万（「物件からの年間収入）÷0・09（マーケット利回り）」で4720万円。この数字が、10年後の賃料・売買マーケット相場を想定した収益還元評価です。

新築時、6120万円の物件が、10年後には4720万円……**数字だけ見ると、1400万円も価値が下がってしまっています**。

ただし、忘れてはならないのが10年間の累計キャッシュフロー。年間収入がコンスタントに400万円あれば、インカムゲイン（賃料収入）で4000万円（400万円×10年）なので、新築時より

1400万円安く売却（1400万円のキャピタルロスが発生）しても、単純計算で2600万円の儲けになっています。

もちろん、売買の諸経費や運営コストと借入れの返済などがあるので、ここまでの大儲けにはなりませんが、不動産投資において、物件の価値が下がっても、トータルでの「勝ち」が可能なのは分かりますよね。

あくまで簡易的なものでありますが、ここで紹介した、「建物価値の低下」と「賃料の低下」を用いた2つの計算式を活用して、「積算評価」と「収益還元評価」が将来どこまで下がるか判断し、物件購入、あるいは売却の参考にしてみてください。

A：物件の価値は「何年間でいくら下がる」と一概に言えませんが、「建物価値の低下」と「賃料の低下」を用いた2つの簡易計算式を活用して、○年後の大体の「積算評価」と「収益還元評価」が分かります。2つの計算式を活用し、物件購入、あるいは売却の参考にしてみてください。

## Q73：物件の価値を保つ方法はある？

前項で、物件の価値下落について解説しましたが、抗う術はないのか……と思う方も当然いるでしょう。

しかし、「建物価値」については、築年数の経過に伴い、単純な掛け算で減価していくため、残念ながら目立った挽回方法はありません。

ただ、中古売買物件として見たときに、大規模修繕などの「価値を維持増進する行為」は、金融機関によってはプラスとして見てもらえることもあります。

これについて、保有中の大家さんができることは、**共用部の適切な修繕行為とその記録の確保**です。

また、大規模修繕は、評価面のみならず物理的な建物価値の維持にも有効なのでおろそかにはできません。

一方、収益還元評価、つまり「投資用物件としての収益力」を保つには、極端な話**「賃料を下げなければよい」**ということになります。築年数と異なり、これにはまだオーナーの介在する余地があります。

通常、賃料は新築から数年（入居が1～2回転）経過する間の下落幅が大きく、その後、15年を超えて20年やそれ以上が経過すると、賃料が地域の類似物件の下限に張り付くイメージです。

新築物件は、賃貸市場においても「新築プレミアム」と呼ばれる高めの賃料で入居が付きますが、新築、あるいは築浅物件の収益力（年間の収入）を、何もせずにそのまま維持することは簡単ではありません。

築年数の経過によって賃貸相場が下がるのは、ある意味当然のことなのです。

ただ、適切なリノベーションやリフォームを施せば、築年数が20年を超えても、相場の下限より上の賃料で貸し出すことができるのが賃貸経営の醍醐味。

地域に適した間取りや、求められている設備を付設するなど、賃貸物件としてのバリューを上げたり、または維持することができれば、その上がった（維持した）収益力は保有中のキャッシュフローを増やし、売却する時の販売価格にもプラスに働きます。

ちなみに、物理的なリノベーションはもちろん、「女性専用マンション」や「ペット可マンション」にするなど、**コンセプトやソフト面を工夫するのも一手**です（入居者を限定するデメリットもありますが）。

ここで、物件のリノベーションやコンセプトのアイデア出しについて参考になりそうなウェブサイトを3つ挙げておきます。それぞれ、とても個性的、あるいはオシャレな物件が掲載されています。

「東京R不動産（http://www.realtokyoestate.co.jp/）」「オシャレオモシロフドウサンメディア ひつじ不動産（http://www.hituji.jp/）」「ブルースタジオ（http://www.bluestudio.jp/）」

もちろん、修繕・リノベーションに要する費用対効果は検討（「Q58・中古物件の場合はリノベーションも必要？」213P参照）すべきですが、うまくやれば物件価値の下落を緩やかにすることが可能です。

ちなみに、建物価値や賃料が下がりきった物件を中古で取得するのであれば、物件価値の極端な下落を恐れる必要がなくなるため、そういう意味では、物件価値が目減りしにくい投資対象として、「土地の値段に近いような中古物件」の取得というのもアリです。

**A：費用対効果を検討する必要がありますが、適切な大規模修繕、またはリノベーションやコンセプトの工夫などで、ある程度価値を維持することができます。**

## Q74：物件購入の際「地方ならではのルール」もある？

不動産売買にも「ローカルルール」はあります。特に、投資用不動産を扱う人にとって有名なものが、関東圏と関西圏における、**「敷金承継の有無」**と**「公租公課の起算日の違い」**です。

どちらも、そのエリアにどっぷり浸かっていれば何の不思議も感じないのですが、営業担当者としても、いざ商圏を超えて案件が発生すると、その違いにドギマギします。

私は、関東圏の営業がメインでしたので、話には聞いていたものの、初めて関西圏に遠征したときは、やはり衝撃的でした。

まずは、敷金継承について。関東のみならず、賃貸稼動中の収益不動産の売買では、決済時に「売買代金」の他「敷金清算金」「賃料清算金」「固都税清算金」といった、物件から生じる収益や負担の清算を併せて行うのですが、このうち「敷金」について、関西圏では「持ち回り方式（関西方式とも呼ばれます）」という。関東圏では馴染みのないルールが存在するのです。

敷金というのは、簡単に言うと大家さんが入居者から「預かっているお金」であり、入居者が部屋をひどく汚した際などに、敷金でその補修コストを賄ったりします。逆に言えば、綺麗なまま退去した場合には、入居者への返還義務があるお金。

そして関東圏では、大家さんが変われば当然ながら敷金も新しい大家さんに引き継がれますが、なんと関西圏では、**入居者への敷金返還義務だけが新しい大家さんに引き継がれ、敷金自体は引き継がれ**

**ない**のです。これが「持ち回り方式」と呼ばれるもの。

つまり、「返還する義務は引き継ぐけど、返還する（入居者から預かった）お金は前の大家さんが持っていってしまう」というシステム。関東ルールに慣れている私にとっては、買主の負担が増えるひどい話に思えてしまうものの、関西ではそれが当たり前のようなので、仕方ないといえば仕方ありません。

続いて、公租公課の起算日の違い。

「公租公課」とは、要するに「固定資産税・都市計画税」のことです。電気代や水道代の負担は、所有権の移転日以降の分について新所有者の負担となるのは当然ですが、公租公課についても、同様に扱うべきですよね。

ただ、この税金については、「その年の1月1日の所有者」に請求がきてしまうため、通常は、前所有者（売主）がその「1年分全額」を収め、決済日以降の日割り分を、新所有者が前所有者に支払うという形を取ることが多いのです。1月1日の所有者が、とりあえず立替え払いしておくイメージです。

関東と関西で異なるのは、その「1年分」を「どこからどこ」で定めるかです。

関東ルールでは、「1月1日を起算日として12月31日までの1年間」と定めるのに対し、関西ルールでは、「4月1日を起算日として3月31日までの1年間」と定めることが多いのです。

これはどちらが正解ということではありませんが、「1月1日の所有者に請求がくる」のは全国共通ですので、私は関東ルールのほうが分かりやすいんじゃないか……と思ってしまいます。

また、1年分を日割りするだけなんだから、どっちでも同じじゃないか？　と考えてしまいそうになりますが、実際、売主・買主の立場になると、**起算日の違いで損得も違ってくる**のです。

例えば、7月1日の決済・引渡し日、固定資産税等の年税額が100万円の場合、次のような負担割合になります。

・1月1日起算日の場合（関東ルール）――売主負担：181日分（49万5890円）、買主負担：184日分（50万4110円）

・4月1日起算日の場合（関西ルール）――売主負担：91日分（24万9315円）、買主負担：274日分（75万685円）

このように、起算日によって売主・買主各々に有利・不利が出てきますが、お互いが納得できるように仲介業者が起算日を調整するようなことはあまりなく、通常は、物件所在地の商習慣に則って設定します。また、基本的には、売買契約書にも起算日を定める文言が入っています。

ともあれ、地域を跨いだ契約・決済を行うときには、物件の所在地だけで判断せず、事前に売主と買主の間で、ルールの整合性を取っておくほうがベターです。

ちなみに、賃貸でもローカルルールは存在します。こちらで顕著なのは、「更新料」。

これは、通常、2年に1回行われる物件の更新（賃貸借契約の更新）時、賃料の1ヶ月あるいは2ヶ月分を入居者から大家さんに支払うというお金です。この更新料の支払いについては、関東圏と京都に根付いており、その他のエリアでは更新の際に入居者に費用が発生することは稀です。

また、関西ルールで「敷引き」というのもあります。例えば、家賃が5万円で敷金（保証金）が10万円、そのうち5万円を「敷引き」するという賃貸借契約をした場合、綺麗に部屋を使用しても、退去時には5万円しか返却されないというものです。

この他、「退去時に賃料の日割り清算をしない」という慣習も、関西圏独特のルールで存在します。

**A：「敷金承継の有無」や「公租公課の起算日の違い」など、地方によって商習慣が違う部分もあるので、地域を跨いだ投資用不動産売買に携わる際には、あらかじめ売主と買主の間で、ルールを確認しておいたほうが良いでしょう。**

## Q75：どの構造の物件を選ぶべき？

物件について、どの構造を選ぶべきか、これは、**購入する方の「人物属性」と組み合わせる「金融機関」によって変わります**。堅牢性《けんろうせい》では優劣がありますが、「投資面」からは一概に決められません。

各構造のメリット・デメリットは以下の通りです。

**●木造物件のメリット・デメリット**

【メリット】：「ＳＲＣやＲＣ構造よりも購入、建築時のコストが低い（利回りが高い）」「ランニングコストが安い」「解体費用が安い」「（法定耐用年数が短いことで）減価償却を短期間で多く取れる」「増改築など間取りの変更が容易」

【デメリット】：「ＳＲＣやＲＣ、Ｓ構造よりも強度で劣る」「（法定耐用年数が短いことで）特に中古物件は長期の融資が受けにくい」「建物のグレード感がＳＲＣやＲＣ、Ｓ構造よりも低い（賃貸マーケットでの人気で劣る）」「減価償却期間が短く、期間が終わると納税額が一気に増える」

**●ＳＲＣ（鉄骨鉄筋コンクリート）・ＲＣ（鉄骨コンクリート）構造のメリット・デメリット**

【メリット】：「頑丈で長持ち」「（法定耐用年数が長いことで）減価償却期間を長く取れる」「建物の高級感、防音性は良好」「建物評価が高い（金融機関のウケがいい）」

【デメリット】:「木造よりも購入、建築時のコストが高い（利回りが低い）」「運営コスト、修繕費用が高い」「解体費用が高い」「減価償却期間が長く、経費扱いされる毎年の額はさほど大きくない（毎年の節税額が少ない）」

以上が、木造物件とSRC・RC構造の主なメリット、デメリットですが、S（鉄骨）構造については、木造とSRC・RCの中間という位置づけです。

さて、これらを踏まえてどの構造の物件を選ぶかですが、もし、人物属性と融資面に何も制約がないような状態、つまり**現金購入の場合や、金融機関が「融資をいくらでも・どんな物件でも出します」という場合であれば、「良い立地で堅固な建物」を取得するのが理想**です。

構造による優劣を、建物の物理的・法定耐用年数を基準に考えれば、「SRC・RC＞S＞木造」です。

正直、木造やS構造でも日本の建築物の耐久性はかなりの高レベルですが、年数の経過に伴う劣化を考慮すれば、やはりSRC・RC構造の物件に軍配は上がります。

また、SRC・RC構造は物理的な耐用年数だけでなく、税法上の法定耐用年数が長いため、築15年や20年が経過した後でも、金融機関も長期的な融資を組み立てやすい利点があります（構造別の法定耐用年数については、「Q72・物件は何年でどれくらい価値が下がる?」259Pを参照してください）。

加えて、規模も大きくなる傾向がある（一般的には、SRC・RC構造は大規模な一棟マンションなどの建物に採用され、木造は規模の小さな一棟アパート・戸建に採用されることがほとんど）ため、不動産投資の一棟モノとして、資金・信用の余力がある人にとっては、魅力的な選択肢となっています。

「規模の経済」が働く不動産投資では、投資対象の規模が大きければ大きいほどリターンも大きくなります。つまり、大規模なSRCやRCの一棟マンションのほうが、毎月・毎年の賃料総額は大きい傾向です。ただ、それに伴って物件取得（または建築）時のイニシャルコストや、運営・修繕におけるランニングコストも大きくなる（次項参照）点は見落としてはいけません。

対して、木造の建築物については、強度や賃貸運営の規模では劣るものの、間取りの変更など、増改築の柔軟性があり、運営や修繕のコスト面が小さくなるメリットがありますし、**SRC・RC物件よりも価格的に取得しやすい**という側面もあります。

どれだけ、堅固な一棟RCマンションがほしくても、融資の組み立てができなければいつまでも購入できず、夢のままで終わります。また、購入できても表面利回りが低すぎると、そもそも利益が出なくなります。

不動産投資をするプレイヤーは、現実に購入できるものの中から選択するしかありません。

また、SRC・RCでも木造でも、「優秀な物件」は構造うんぬんではなく「利益が出る物件」かつ「将来的な売却を見込める（出口が取れる）物件」。

私は、この2つを満たしていれば極端な話、構造はどれでも構わないと考えています。

**A：どの構造の物件も一長一短ありますが、「何でも買える状態」ならば、「良い立地で堅固な建物」の取得が理想です。ただ、木造でも儲かる物件は当然ありますし、SRC・RC構造にこだわりすぎるといつまでも買えないことということにもなりかねません。**

## Q76：売買価格以外の諸費用はどれくらいかかる？

住居用の不動産の取得時もそうですが、投資用不動産も売買価格以外に諸費用がかかります。そのざっくりとした目安は、次の通りです。

**・購入時——売買価格×7〜8％**
**・保有中——対象不動産の賃料収入×15〜25％（年間）**
**・売却時——売買価格×4〜5％**

大抵、これくらいの幅で見ておけばＯＫですが、具体的に、何にお金がかかるのでしょうか？　もうちょっと細かく見てみましょう。

・購入時——「仲介手数料」「売買契約書に貼付する印紙代」「登録免許税や司法書士報酬などの登記費用関係」「不動産取得税（購入時から少し後）」「融資関係の印紙代や金融機関の手数料など、借入れ時のコスト」「火災保険」
・保有中——「ＰＭ費用（プロパティマネジメント費用：家賃の収納代行など全般の管理料）」「ＢＭ費用（ビルメンテナンス費用：建物自体の清掃や消防点検等のコスト。町内会費やケーブルテレビ、他諸々も含みます）」「水道光熱費（廊下や階段の電気やゴミ置き場清掃の水栓など）」「入退去に伴う原状回復工事やリノベーション費用」「固定資産税・都市計画税」
・売却時――「仲介手数料」「売買契約書に貼付する印紙代」「融資の抹消登記手続き費用」「金融機関の繰り上げ返済手数料など」

購入時の諸費用としては、登記費用関係のウエイトが大きく、売却時の諸費用と結構な差が生じるのはこのためです。

また、保有時の運営コストに幅があるのは、**取得した築年数や建物の規模や構造、特に、エレベーターの有無などで維持修繕コストに開きがある**からです。さらに、シェアハウスなどは、特にＰＭ・ＢＭ費用が膨らむ（清掃頻度が高かったり、代行業者が少なく業者の言いなりになるケースが多い）傾向があるため、運営費が30％超になることも。

築年数などで差はありますが、規模の小さい木造アパートであれば15％前後、規模が大きめのエレベーター付の鉄筋コンクリート造のマンションなどであれば、20～25％前後がよく見る数字です。言い換えれば、ＯＰＥＸ（運営費）がそれ以上にかかるのであれば、管理会社やメンテナンス業者からの提案内容に問題がありそうです。

なお、金融機関によって、繰り上げ返済手数料の有無や料率は異なるため、売却時の一括返済や、保有中の一部繰り上げ返済時には、事前に確認しておきましょう。当然これも諸費用に影響します。

最後に、「購入時・売却時共に価格５０００万円・利回り10％（年間収入５００万円）・８世帯の木造アパート」を例に挙げた場合、どのくらいの諸費用がかかるのか、シミュレートしてみましょう。

・購入時諸費用――約350～400万円（5000万円×0・07～0・08）
・保有中諸費用――約75万円（500万円×0・15）
・売却時諸費用――約200～250万円（5000万円×0・04～0・05）

つまり、保有中のコストを考えず、5000万円で購入して5000万円で売却した場合、諸費用で約550万円～650万円がかかります。賃料収入（売上）で見れば、1年ちょっと分というところですね。これに加え、保有中は約75万円（賃料収入の約15％）が年間のコストとなります。

ちなみに、購入・売却時の（400万円以上の価格帯の物件であれば）仲介手数料は、それぞれ売買価格の約3％（＋6万円と消費税）と、少なくないウエイトを占めます。

そして、これについては交渉ができる（少し値引きしてもらえる）こともあります。今後も付き合いたい業者なら気持ちよく支払うべきですが、一度きりの付き合いと割り切るならば、ダメ元で交渉してみるのもアリかもしれません。

A：購入時で売買価格×7～8％、保有中で対象不動産の賃料収入×15～25％、売却時で売買価格×4～5％が目安です。保有時の運営コストに幅があるのは、取得した物件によって、維持修繕コストに開きが出てくるからです。

## Q77：消費税が10％になったら、不動産投資にはどのような影響が出る？

２０１７年４月に消費税が８％から10％に上がるのは、ほぼ確定的です（２０１５年７月現在の状況）。

この消費税増税が、日本全体の景気が悪くなるトリガーとなるのは間違いないでしょうが、「不動産投資」に限って見た場合、どのような影響があるのでしょうか。

増税時にまず発生するのが、「駆け込み需要」。不動産や車などの大きな買い物は、消費税額がバカにならないため、特に話題となります。

ただ、１億円の物件があったとして、消費税が８％から10％に上がると、「消費税が８００万円から１０００万円に大幅アップ！　急いで買わなきゃ！」と考える人もいるようですが、実は、これは勘違い。

消費税がかかるのは、**「消費税課税業者が売主の場合のみ」であり、その場合も「建物部分のみ」**です。

つまり、個人間での不動産売買に消費税は関係なく、そもそも土地に消費税はかかりません（さほど額は大きくないですが、仲介手数料などの諸経費には消費税がかかるので、増税時には負担が増えます）。

そして、中古の投資用不動産売買は個人間で行われることが多いため（仲介業者を通しても、あくまで売買をするのは大家さん同士です。ただ、個人でも消費税課税業者に分類される人もいるので注意）、仲介手数料にかかる消費税は増えるものの、物件自体の売買に関しては消費税の増減は関係ありません。

一方、**購入時点でダイレクトに影響を受けるのは、「私は新築しか買わない」という方々**。

新築アパートや新築一棟マンション、新築区分マンションなどの「売主」は、ほぼ「課税業者である不動産デベロッパー・建売業者」です。建築から着手する場合も、請負業者は当然課税業者なので同様です。
また、新築なので、土地・建物割合も建物のほうが圧倒的に高い状態。そこに、上がった税率がかかってきてしまいます。

こういう事情があるため、駆け込み需要が起きるとしたら、中古よりも新築物件のほうが圧倒的に多いでしょうが、もし本当に大きく発生するようであれば、**狙うべきはむしろ「その後」**、増税後です。

なぜなら、消費増税は結果として「需要喚起策」となっているフシがあるので、駆け込み需要が一段落して需給バランスが崩れ、物件価格も（増税分以上に）崩れることがあれば、購入を検討するのもアリなのです。

例えば、「土地が5000万円、建物が5000万円で合計1億円」という業者売主の物件があるとして、「消費税10％」と聞くと、出費がものすごく増えるように感じますが、実際に増えるのは、8％時と比べて2％分、つまり「100万円」の違いです。

そして、売れないときには「100万円」程度はザラに下がるのが不動産。消費税が上がるからといって、直前に焦って変な物件を掴んでしまわぬよう気をつけたいものです。

さて、2015年3月18日に発表された、「全国」の公示地価の平均は7年連続で下落したものの、「東京・大阪・名古屋の三大都市圏」の平均では、商業地の7割が上昇しています。

大都市圏を中心に、回復傾向はなかなか鮮明。「上がり出している」状態です。

加えて、相変わらず業者さんから耳にするのが、「建築費が上がりすぎでヤバい……」という声。原材料費の高騰はもちろん、「人手」という労働供給サイドの人件費上昇もまだ一服とはいかないようで、これから建造される物件には、それが上乗せされて出てくる可能性も大です。

不動産投資に関して、増税時にどう対処すればいいかを総括すると、「消費税増税に煽られる必要はないけれども、価格的には全般的に上昇傾向だから、特に新築は駆け込み需要が始まる前に購入を検討するのも一手」となります。

なお、新築でも中古でも不動産投資・賃貸運営という視点からは新築でも中古でも消費税増税は「悪」です。なぜなら、**賃貸運営に関わる運営コストのほとんどに、増税効果が波及する**からです。

賃貸の管理料・清掃費用・退去時の修繕工事・共用部の大規模修繕工事……それ以外にも、賃貸募集時のコストや売却時の手数料などにも全て10％の消費税が絡んできます。

物販など、他の業態においては、販売する商品・サービスに増税分をそのまま転嫁すれば、実際の収入への影響は軽減されるかもしれません。しかしながら、不動産投資における「住宅用建物の家賃」については、原則「非課税」（店舗や事務所などの事業用建物は課税対象）です。

これは言い換えれば、売上は変わらないのに支出のみ増えるということ。そういう意味では、消費税増税が不動産投資に与える影響は、購入時よりも運営中のコストについてのほうが深刻と言えます。

**A：中古物件購入に関してはさほど影響はありません。新築物件については「駆け込み需要」に乗るのではなく、それが始まる前か、場合によっては「増税後」の購入もアリです。そして実は、消費税増税が不動産投資に与える影響は、購入時よりも運営中のコストについてのほうが深刻なので、その点は注意してください。**

## Q78：不動産の価格は何が原因で変動する？

不動産の鑑定評価面から見ると、そもそもの「価格の形成要因」は以下に大別されます。

・一般的要因——「自然的要因（気象条件や地質など）」「社会的要因（人口や世帯数・公共施設など）」「経済的要因（GDPやデフレ・インフレ、金融や財政など）」「行政的要因（不動産関連の法律、住宅政策、税制など）」。
・地域要因——駅距離や、街並み、宅地地域や商業地域で異なりますが、いわゆる「立地のよさです」。
・個別的要因——接道（角地など）や、土地の形、建物の築年数や間取りなど。

不動産価格の「変動」という点にポイントを置くと、「地域要因」からは、新しく駅ができたり、「個別的要因」からは建替えによって新しくなったりといった、地域や土地建物そのものに大きな出来事が必要です。

一方、不動産投資家が気になる「世間一般の不動産相場の変動要因」として注目すべきは「一般的要因」の中の社会的要因・経済的要因・行政的要因に分類される項目。これらが複雑に絡み合って作用します。

マクロ経済的な要因を拡大して見ていくとキリがなくなってしまいますが、不動産投資に注力する人が見るべき、感じるべきは**「お金の回り方」**です。

２０１５年7月現在、政府・日銀の「大胆な金融政策」は継続されており、金融機関では「カネ余り」状態となっています。資金の行き先は、株や不動産といった金融商品・資産価値のある商品に流れている傾向です。

不動産と融資は切り離せない関係にあります。お金の出どころである**金融機関の蛇口がいつ、どんなふうに開くのか・逆に閉まるのか……ここが投資用不動産における、価格形成・変動の最大要因**だと言えるので、それを把握、予測することが重要だと言えます。

ただ、金融機関の動向により、不動産バブルは簡単に発生しますし、日銀の金融政策やＦＲＢの計画などによって金融機関の動きは変わるため、「一般的要因」を突き詰めていくと、膨大な経済分野の知識が必要になるかもしれません。

逆に、「地域要因」や「個別要因」については、「自分の住んでいる、あるいは勤めている地域だからこそ知ることができる」隠れた最新情報を掴むことで、他の人より先んじて投資機会を得ることができる可能性もありますので、身近なところにアンテナを張っておくことも重要です。

ところで、２０２０年には日本を挙げてのビッグイベント「東京オリンピック」が催されますが、オリンピックは不動産の価格に影響を及ぼすのでしょうか。

一般的には、オリンピック前までは「上がる」、その後は「下がる」――こう読んでいる人が多いです。もちろん実際にはどうなるか分かりませんが、現時点で予想できる範囲では、オリンピック後、選手村を分譲マンションとして販売する計画もあるため、湾岸エリアの供給戸数が増加するのは間違いありません。

本来、需要よりも供給が多くなれば価格が下がる、人口が減ってハコが多くなれば価格は下がる……はずですが、読みづらいのは、購入するのが「そこに住む日本人だけとは限らない」点です。ブランド力のある「ＴＯＫＹＯ」、その湾岸エリアの高層マンションを所有したいという、**海外からのマネーが大量に入り込む可能性があります**。

ただ、このように東京の湾岸エリアについては、オリンピック効果で賃料のアップや売買金額の高騰もあるかもしれませんが、日本全体で見れば既存の賃貸物件の稼動状況が急激に変動することは考えにくく、**購入済みの物件についての極端な賃料・利回りの上下は少ない**でしょう。

前述の通り、不動産投資のマーケット相場は、東京オリンピックなどのイベントよりも、その時点における金融機関の姿勢によって大きく左右されます。融資姿勢が積極的になるのであれば、価格は上昇しますし、締まれば下落していきます。

ちなみに、オリンピック後に景気が後退して融資が出にくくなれば、不動産の売買価格は下がり、利回りが上がるでしょう。ある意味、「買い時」に見えますが、購入するには融資のハードルがあります。こんなときに、「現金を持った人」が優良物件を取得できる市場ができあがるのです。

**Ａ：不動産の価格の変動要因は様々ですが、金の出どころである金融機関の蛇口がいつ開き、閉まるのかが投資用不動産における、価格形成・変動の最大要因です。これを具体的に予測するのは大変ですが、普段から新聞やインターネットを通じ、大まかな金融機関の動向程度は把握しておくことが望ましいでしょう。**

## Q79：物件価格の今後の見通しは？

私の個人的な予想ではありますが、結論から言ってしまうと、次のような流れになると考えています。

**①現在（2015年7月）からしばらくは2020年の東京オリンピックに向けて上がる**
**←②2017年4月以降、消費税増税（8%→10%）の後で落ち込む**
**←③消費税増税から1年ほどでマーケットが落ち着き、2020年に向けて再び上昇**
**←④オリンピックの開催前後からゆるやかに下がる**

前項で触れたように、不動産の価格形成要因は多く、イレギュラーなことが起きるかもしれませんが、現時点で分かっていることから判断した予想です。

①の間、中国発のリセッション等、海外要因のブレはあっても円安はもっと進み日経平均は上がると予想しています。ＧＰＩＦ（年金積立金管理運用独立行政法人）の資産構成割合で日本株の割合を増やしたり、日銀も株式を買い入れたりする動きをしていますので、消費税増税の時期までは株価は支えら

れるでしょう。

②の消費税増税後の落ち込みは、決して楽観視できるものではありません。1997、及び2014年の増税時には、ガクンと経済が落ち込みました。よって2017年4月以降は、投資用不動産の価格についても、他の金融商品の動向に引っ張られて、1年程下がる、または伸び悩むと見ています。

そして、マーケットが落ち着いた③のところで再び海外からもかつて以上の投資マネーが入り込み、2020年のオリンピック開催の数ヶ月前がピークに。

その後、④オリンピックというお祭りの開催前後からゆっくりと低下し、しばらくして落ち着くのではないか……といったイメージを持っています（正直、そこから先の10年後や20年後、まして50年後などは不確定要素が多過ぎてなんとも言えません）。

金融機関の動向や国の方針によって、不動産マーケットの動きは大きく変わってきます。しかし、日本国内について言うと、近い将来は、オリンピックと消費増税以外を原因とする急激な景気拡大・縮小というのは、あまり現実的ではないだろうと考えています。

その理由は、現在の政府が「アクセルとブレーキを同時に踏み込んでいる」状態だからです。

世界一のお金持ち国家で、東京圏というGRP（域内総生産）世界一の都市圏を持つ（「GRP」については「Q83・人口減少時代において、どのような不動産投資を心がけるべき?」299P参照）日本ですが、「プライマリーバランスの健全化」を目標にした緊縮財政で需要を削り、金融政策だけを実施しているのが現状です。ただこれは、アクセルだと言えるでしょう。

一方、経済面でのブレーキになりそうな政策として、今後動き出しそうなものとして「移民受け入れ」

と「女性活用」が挙げられます。

もちろん、「外国人は恐い」とか、「女性は家を守るべきだ」などということを言っているわけではありませんが、この２つの政策は、「人口が減るから労働力を投入して生産性を上げよう」というもの。その根底にありそうなのが「セイの法則」という経済理論です。

セイの法則は、簡単に言えば「供給は自ら需要を作り出す」というもので、「供給量が増えても、価格調整が入るから全て捌《さば》ける。だから生産性を上げれば景気拡大する」という前提ですが……実態と一致していないのは、明らかではないでしょうか（セイの法則が完全に実態と一致するのであれば、もはや空室も存在しなくなります）。

普通に考えれば、需要が追いつかないまま生産・供給能力が上がっていくと、供給過多となったモノの価格はどんどん下がり、労働者の賃金も下がっていく……そう、ご存知デフレ（スパイラル）です。

一方、労働力の部分に手を入れなければどうなるでしょうか。仕事量が増えないまでも変わらないまま、労働力（労働者）が減少すれば、人が必要な業種から賃金は上昇するはずです。近頃の建築業界の人件費の高騰（給与アップ）は有名ですね。

にもかかわらず、なぜ労働力を増やそうとしているのかと言うと、たくさんの労働者を安く使えれば、企業の経営者が儲かるからという理由。その背景には、「トリクルダウン理論」（とそれを信じる人々）の存在があります。トリクルダウン理論は、富裕層にお金が集中すると、そこからこぼれ落ちるように経済効果が波及して、国中が良くなる（はずだ）というもの。

閉じられた世界であればそれも成立するかもしれませんが、残念ながら、今のようにグローバルなお金に国境のない時代になってくると、余剰資金は、需要の見込める海外に簡単にシフトしてしまいます。すると、国内の設備投資や労働者の賃金アップにお金が回らず、国益に必ずしも反映されないという問題が起きるのです。

金融政策だけではお金の行き先までは決められません。余剰資金はより投資効率のよいところ、より需要が見込め、ビジネスとして儲かるところに向かいます。

さて、ここで書いてきたことはあくまで経済学者でもなんでもない私の考えであり、各種経済政策などについては、様々な意見や説がありますので、それについてはいろいろな専門家の本などを読んでみることをお勧めします。

ただ、日本の将来について言えば、私は極端な悲観はしていません。国債利回りは世界で一番低い金利水準にあり、かつ、対外純資産世界一の国なのです（「Q81・不動産投資は日本でやるべき？」293P参照）。

また、景気が思うように上がらない状況さえ、不動産投資家にとっては必ずしもマイナスではありません。むしろ、景気が急速に良くなると、極端な話、金融緩和にストップ（貨幣供給量を抑制したり、金利を上げたり）がかかります。

そうなると、融資を引くことで成立する不動産投資にはマイナス影響となりかねません。現在返済中の変動金利が急上昇されても困ってしまいます。

さらに、ものすごく景気が良くなり、誰しもが年収何千万円と稼げるようになると、今度は「持家需要が拡大し過ぎて賃貸需要が減少」などということもあり得るでしょう。「持ち家がほしいけれど持てない人」の存在は、賃貸経営という面だけで見ればプラスなのです。

ともあれ、日頃から意識してニュースなどに触れることで、経済の全般から長期的な展望を予測することは、難しい反面、一社会人としてはとても有益です。

そして、今現在どんな政策が進んでいて、それが自分の本業や不動産投資活動にどう影響するだろうか……などと、ただ情報を詰め込むだけではなく、**自分の頭で考えることがとても重要**だと思います。

ここでは、物件価格のマーケットについて私なりの今後の見通しを述べましたが、ぜひ皆様方も、様々なニュースを材料に、自分なりの見通しを考えてみてください。

当たろうが外れようが、そんなことは重要ではありません（私の見通しを含め、当たったほうが嬉しいですが……）、自分なりの見通しを考えるようなクセをつけるだけで、不動産投資家としてどんどん成長していくはずです。

A：近い将来は、オリンピックと消費税増税以外を原因とする急激な景気拡大・縮小はないと考えており、①現在（2015年7月）からしばらくは2020年の東京オリンピックに向けて上がる→2017年4月以降、消費税増税の後で落ち込む→③消費税増税から1年ほどでマーケットが落ち着き、2020年に向けて再び上昇→④オリンピックの開催前後からゆるやかに下がる、という流れになるのではないかと予想しています。ぜひ皆様方も、様々な情報をもとに自分なりの見通しを立ててみてください。

# Q80：不動産投資を始める際は節税のために法人の設立も検討すべき？

不動産投資と法人設立の関係を詳しく解説しようとすると、それだけで本が1冊できてしまうほどなので、本書では、要点のみ簡略化して述べたいと思います。

賃貸運営を行うにあたり、法人を設立するかどうかは、そのメリット・デメリットを押さえたうえで、課税所得の規模によって判断すべきです。

法人設立のメリットとデメリットはざっと以下のようなものがあります。

・法人設立のメリット――「個人より税率が低い」「役員報酬や退職金の支給が可能になる」「車両や住宅の一部を経費として計上できる」「生命保険料の経費計上が可能になる」「減価償却費が任意で変更可能」「欠損金の繰越（個人3年、法人9年）」

・法人設立のデメリット――「設立に費用がかかる」「維持費用が個人よりも高額」「均等割がかかる」「青色申告控除が使えない」「法人のお金を私用には使えない」「不動産所得のマイナスを給与所得と損益通算できない」「長期保有（5年超）してからの売買は個人より税率が高い」「税務調査が入る可能性が高い」「個人向けのアパートローンが使えない」

**【個人の税率】**

| 課税される所得金額 | 税率 | 控除額 |
|---|---|---|
| 195万円以下 | 15% | 0円 |
| 195万円を超え330万円以下 | 20% | 9万7500円 |
| 330万円を超え695万円以下 | 30% | 42万7500円 |
| 695万円を超え900万円以下 | 33% | 63万6000円 |
| 900万円を超え1800万円以下 | 43% | 153万6000円 |
| 1800万円を超え4000万円以下 | 50% | 279万6000円 |
| 4000万円超 | 55% | 479万6000円 |

**【法人の税率】（中小法人）**

| 課税される所得金額 | 税率 |
|---|---|
| 400万円以下 | 約21% |
| 400万円を超え800万円以下 | 約23% |
| 800万円超 | 約34% |

（表1）2015年度以降の所得税と住民税を合算した税率表（住民税は簡略化して10%として合算）

さて、法人を活用した不動産投資の最大のポイントは、**「個人と法人の税率の違い」**です。

日本の所得税は、所得の少ない人は低い税率、所得の多い人は高い税率という累進課税制度です。

表1をごらんください。例えば個人の場合、年間の課税所得が900万円を超えると、住民税と合わせた税率は43%です。

ここで、本業の所得が800万円、不動産所得が200万円の場合を考えてみましょう。普通に1000万円（800万円＋200万円）を個人の課税金額にあてはめると43%のテーブルです。

ところが、法人を設立して不動産からの200万円の所得を法人に振り分けることができると、個人の税率は33%のテーブル（800万円）、法人税率は約21%のテーブルに収めることができます。計算すると一目瞭然ですが、普通に個人として納税するよりも額は低くなります。

このように、個人より税率が低い法人に収入を振り分け、個人の税率のテーブルを下げることができることが、法人設立の最大のメリットです。逆に言えば、**不動産投資（からの家賃収入）によって税率のテーブルが上がらないのであれば、個人のままで構わない**のです。

本業の年収がすでに1000万円前後で、さらに不動産所得が上乗せされたりするような場合や、また、本業の年収が低くても、多くの所得を生み出すような規模の大きな不動産を取得した場合などは「いきなり法人」というのも節税面からは有効だと言えます。

また、法人を設立して最も節税となるのは「人件費の活用」です。個人でも配偶者に給与を出す「青色事業専従者給与」という制度は有名ですが、他に勤務していると支払えないなど、制約があります。

法人で不動産を所有し、配偶者以外の家族も法人の役員にして、法人に発生した利益（賃料収入）を報酬として家族に支払うというテクニックもあります。もちろん、家族が給与を受け取る際には、個人の所得税率で見られますが、所得金額が分散することで、「低いテーブル」ですり抜けられるという形です。

ただし、法人の設立にはデメリットもあります。

第一に、その設立などのイニシャルコストと維持費がかかります。法人設立費用としては、会社の種類（株式・合同）によって異なりますが、15～30万円前後。

また、利益の有無にかかわらず、「均等割」と呼ばれる法人の住民税が年間約7万円。加えて、確定申告の書類の複雑（面倒）さは、法人のほうが圧倒的にややこしくなるため、税理士・会計士コストが必要になるかもしれません。これらの維持費として年間で、30～60万円前後はコストがかかります。

そのため、課税所得が年間で50万円に満たないような不動産投資の規模では、法人を持つコストに負けてしまい、メリットは薄れます。ただ最近では、ウェブで「法人設立」などと検索すると、設立のサポート料金は無料にして、毎月の顧問料で利益を得るような業態も結構見かけますので、イニシャルコストを抑えるにはいいかもしれません。

なお、節税面については法人のほうがいろいろな手法があって有利ですが、**「不動産の取得」という点からは、融資について金融機関の見方が変わるため注意が必要**です。「資産管理法人なんて個人と変わらないから、融資判断は個人と一緒」という金融機関もありますが、「アパートローンは個人にしか適用しない」「実績（〇年間黒字など）のない新設法人には融資しない」という金融機関も少なくありません。

また、売却益に対する課税（譲渡税）について、法人は一律の「法人税」（23％～34％）で見られますが、個人は短期（約39％）・長期（約20％）によって変わります。

したがって、短期譲渡（5年内）をあらかじめ計画し、かつ譲渡所得（インカムゲイン）を相当見込むことができるのであれば、法人での取得が有利です。しかしながら、5年を超えての保有計画で、中長期での売却を見込んだ長期譲渡であれば個人の譲渡税率のほうが低くなります。

ともあれ、単純に不動産投資と言うことで考えれば、物件を取得できなければ節税も何もありません。よって、とりわけ「初心者の初めの1件目」については、経験・実績を積むことを目的にし、法人での取得にはこだわりすぎないほうが選択肢は広がるでしょう。

また、個人で取得後に設立した法人に管理委託をしたり、一括借り上げの形にしたりするなどの節税方法もあります。

最後に、法人を設立するか否かの判断についての具体的な目安ですが、**「本業の課税所得が900万円を超え、さらに不動産からの課税所得が300万円を超えている」ような人は、法人の設立を考えてもよい**でしょう。

A：法人を設立するかどうかは、メリットとデメリットを押さえたうえで、課税所得の規模によって判断すべきです。具体的な目安としては「本業の課税所得が900万円を超え、さらに不動産からの課税所得が300万円を超えている」ような人は節税面を考え、法人の設立を検討してもよいでしょう。ただし、融資面など、法人を設立することで物件を取得しにくくなることもあるため、そこは注意が必要です。

## Q81：不動産投資は日本でやるべき？

株と同様に、不動産にも外国でやるという選択肢はあります。

日本は、2010年にGDPで中国に抜かれ、少子高齢化に伴う人口の減少から、場合によっては「消滅」する市区町村も出てくるであろうという予測もあります。

しかし、この国での不動産投資は今のところ盛り下がっていません。

また、日本の不動産は対外的にも人気があります。外国籍の方、あるいは外国資本の会社による日本の不動産取得は恒常的に行われており、昨今、特に活発になっています。アメリカ、イギリス、中国、韓国……いろいろな国籍の方が日本の不動産を購入しているのです。

目的は、実需（自分が住む用）ということも見かけますが、より顕著なのは投資用の一棟マンションなど大規模なものです。

そんな彼らは、なぜわざわざ他の国（日本）の不動産を購入するのでしょうか。

それは、もちろんメリットがあるからです。

「国の安定性（カントリーリスクが低い）」「建物のグレードが高い（一定ラインが確保されている）」「インカムゲインが得られる」「永久的な所有権を取得できる」「割安感」「融資金利の低さ」

このあたりが、日本で不動産投資を行う具体的なメリットだと言えます。

続いて、客観的に分かりやすい指標「国債の利回り」を見てみましょう。

国家への投資、安定した金融商品という側面が強い国債ですが、国家の信頼度によって、実際には利回りに大きく差があります。

その時々の社会情勢・経済状態が反映されるため、利回りが低いほど、デフォルト（債務不履行）つまり、その国の経済が破綻する可能性が低いと見なされていることになります。

そして、「三菱ＵＦＪ国際投信」が公開している各国の国債の利回り（http://www.kokusai-am.co.jp/fncj004/mktInfoDetail.do?type=2）を見ると、我が国日本の10年もの国債利回りは、２０１５年7月末現在０・４１２％。ドイツ（０・６７２％）やフランス（０・９５９％）などを押さえ、**掲載されている国の中で最も低い利回り**です（ちなみにアメリカで2・２４１％、シンガポールで2・６４４％、ブラジルで13・１０５％です）。

このように、国債の利回りという指標を見れば、日本がいかに経済的に安定しているかが分かります。

「日本の財政は破綻する」と謳い続けるジャーナリストさんなどもいますが、現実として、日本の対外純資産は過去最高の３６６兆８６５０億円という残高を誇ります（２０１４年末）。

対外純資産は、日本の政府・企業・個人が外国に持っている資産から、外国の政府・企業・個人が日本に持つ資産を差し引いたもの。一言で表せば「日本の裕福さの指標」となります。

個人レベルでは「まだまだ景気はよくない……」と思っている方も少なくないでしょうが、国家レベルで諸外国と比べれば、日本は相変わらず「お金持ちの国」なのです。

さて、本題に戻りましょう。「不動産」という物理的に動かせないものを投資対象とする時点で、それが存在するエリアが足元から崩れてしまうと意味がありません。つまり、経済的に不安定な国で不動産投資を行うのは非常にリスキーということです。

入居が決まりづらい、地震が多いなども不動産投資のリスクですが、理不尽な形で自分の財産を政府に没収される可能性があったり、いつ戦争が起きるか分からなかったりなどのカントリーリスクの高い環境では、不動産による中長期の投資が成立しにくいのです。

ウクライナやイラク・シリアでの不動産投資をイメージしてみてください。リターンも大きいかもしれませんが、やりたいかやりたくないかで考えると、私は後者です。

また、国によっては外国人が不動産を所有権として持つことができなかったり、購入に相当な制限が設けられていたりするケースもあります。

そんな中、**日本では不動産の所有権売買に法的な制限が特にありません**。融資の壁はあるものの、現金購入におけるハードルはないのです。（だからこそ、尖閣諸島や対馬の自衛隊基地周辺の土地、新千歳空港の隣接地といった、国防・安全保障の面が危ぶまれる部分もありますが……）。

しかも、売買が完了すれば、法務局に登記簿謄本（登記原因証明）として公に記録され、第三者への対抗要件を満たします。これによって、税金の未納などがなければ勝手に財産を奪われることもありません。

また、不動産投資における収益性という面でも、**日本の不動産は「旨味がある」**と見ている外国籍の投資家は多いです。

どこと比較するかによって見解は異なりますが、近年、投資マネーが入り込んでいるシンガポールでの賃貸物件の平均表面利回りは「2～3％前後」。日本より高額な運営コストや融資の返済などを考慮すれば、借り手が付いていたとしても、保有しているだけでは収益が生まれないような状況です。

加えて、日本では投資用不動産の購入に際して（永住権の有無など、金融機関によって判断材料はありますが）購入物件の80％～90％、場合によってはそれ以上融資をしてくれる金融機関が存在します。借入金利も外国の投資用ローンと比較すると、とても割安な水準です。

このように、世界的に最も安定した（少なくとも安定していると見られている）国で、自分の財産を守っていきたい、中長期的な運用で資産を拡大したい――このような理由から、日本での不動産投資は外国人にも人気なのです。

そして、日本人は基本的に日本語の読み書きができ、日本の習慣を理解しています。さらに教育水準も高く、国内の情報をいち早く知ることができます。これらのアドバンテージを活用しない手はありません。**安定した国で不動産投資をやりたいならば、日本が一番**だと思います。

もちろん、冒頭に書いた通り今後は人口が減る見通しですし、地震国であることなど、悪い面がないわけではありません。それでも、総合的な状況から判断すると、「他の国よりかなりマシ」であることは、客観的に見ても疑いの余地がありません。

**A：日本は外国に比べるとカントリーリスクが低いなどの理由から、外国人にとっても日本での不動産投資は人気です。安定した国で不動産投資がしたいのならば、日本でやるのが一番です。**

## Q82：大災害が起きたら不動産投資はどうなる?

日本での「大災害」と言えば、真っ先に思い浮かぶのが「大地震」でしょう。

そこでこの項では、2011年3月11日に発生した「東日本大震災」の後、主に関東圏の投資用不動産に関してどんなことが起きたのかについて解説していくことにします。

まず、当日の「現場」つまり賃貸物件の管理に限って言えば、「お湯が出ないクレーム」が多発（ガスメーターの安全装置によるものです）しましたが、少なくとも、当時私の目の届く範囲の（自社や知り合いの業者が扱っていた）関東圏の物件においては、運良く地震で倒壊・半壊した建物はなく、若干のクラックなど補修レベルで収まるものがほとんどでした。

一方、リーシング面では、放射能を恐れて帰国の選択をされた外国籍の方が少なくなかったため、外国人入居者・留学生が賃貸の中心となっていた物件についてはキツい面がありました。

そして、震災後の不動産投資に臨む投資家の間では、当然ながらハザードマップや断層の位置を気にする方が増え、地震保険に加入する人も増えました。

しかし総括すると、投資用不動産の流通・売買においては、振り返ってみれば**極端な値崩れをすることはありませんでした**（自己居住用つまり実需の不動産売買については、買い控えの傾向が色濃く出ました）。

関東圏でも液状化が目立った浦安エリアなど、一時は不動産ビジネスが難しくなった地域はあったものの、現在では落ち着きを見せています。

ただし、ここまでは私の主観、狭い視点の話です。今度は、データからも見てみましょう。

「みずほ信託銀行」の2013年3月度のレポート（http://www.tmri.co.jp/report_market/pdf/market_report1303.pdf）で、経済全体の指標を振り返ると、東日本大震災による落ち込みは明確です。

しかしながら、日本全体の「地価の動向」「不動産価格」「利回りの上下」など、不動産の指標については東日本大震災の影響で上下したと言えるほど鮮明ではないのです。

結果として見れば、東日本大震災を経て、**日本の不動産マーケットの底堅さが明確になった**とさえいえます。

物理的にも、旧耐震構造の木造でさえ、震度5強に耐えて現在なお使用されている建物がたくさんあります。また、仙台エリアなどでは復興特需に恵まれ、保有していた物件が高利回りの優良案件に変身するなど、大きくプラスに働いた人の話も聞きました。

ともあれ、やはりある程度の備えは必要。「Q04・不動産投資は『リスクマネジメント』ができる？」（22P参照）でも書きましたが、物件の購入判断材料としてハザードマップなどをチェックしつつ、保有後は地震保険でリスクをカバーしておく程度はやっておくべきだと思います。

**A：東日本大震災を例に挙げると、少なくとも関東圏では倒壊した建物もさほど多くなく、投資用不動産の極端な値崩れは見られず、不動産関連の各種指標も鮮明には変わりませんでした。ただし、保険への加入などある程度の備えは必要だと思います。**

## Q83：人口減少時代において、どのような不動産投資を心がけるべき？

これについては、気にしている方が多いでしょう。実際、少子高齢化による人口減少は無視できない問題です。

不動産投資家としてこの事態に対処するために、今後、**エリアの選別がより大切になります。**

聞き慣れない言葉かもしれませんが、「GRP（Gross Regional Product）」という指標があります。これは日本語で「域内総生産」と表現されます。

GRPは、GDP（国内総生産）の「地域版」です。国ではなく、東京やニューヨークなどの「都市圏」や「地域圏」で一定期間に生み出される付加価値の総額、経済規模の大きさ・強さという指標と言えば分かりやすいでしょうか。

この指標において、**今現在（2015年7月）の世界一は東京圏**となっています。国の大きさや国家ベースの経済の強さでは、米国や中国には水をあけられていますが、日本には、東京圏という「世界で一番経済の強い都市圏」が存在しているのです。

また、発表時点が2008～2009年と少し前のものですが、「プライスウォーターハウスクーパース（通称PwC）」という世界的な会計事務所が2025年の都市別予測を出しており、そこでも、トップは「東京圏」になっています。

このデータは、2014年7月の「野村総合研究所」の発表資料「アジアの不動産投資市場2014」

でも引用されており、その点からも信憑性は高いと思います。

また、「アジアの不動産投資市場2014」には、「フォーチュン・グローバル500」にランクインしている企業の都市別所在地のグラフも掲載されています。これによれば、「東京圏（一都三県）」と北京がダントツ。これはつまり、東京圏は世界的な大手企業が最も集まる都市だということです。

一都三県とは、東京・埼玉・千葉・神奈川のことです。この「東京圏」の経済面の強さは、しばらく揺るがない雰囲気。経済の強さは供給力の高さですが、供給を生む場所にはヒト・モノ・カネが集まります。それは当然、不動産の売買・賃貸需要にもプラスに働きます。

では、「東京圏以外はダメなのか？」というと、決してそんなことはありません。先の2025年のGRP予測の16位には、大阪・神戸がランクインしており、大手企業の集積都市ランキングでも、パリ、ニューヨーク、ロンドン、ソウルと続いて「大阪」とシンガポールが並びます。

また、2015年3月には、北陸新幹線の東京〜富山〜金沢間が延伸開業しました。明治初期の日本の人口上位と、現在の人口数や政令指定都市の違いに多大な影響を及ぼしたのは「新幹線の主要駅があるかないか」が原因とも言われています。

事実、新幹線が通らなかった群馬県の県庁所在地・前橋市の人口は、高崎市（新幹線停車駅「高崎」がある）に抜かれてしまいました。すなわち、今後富山や金沢は「伸びるエリア」になる可能性があるということです。

人口減少が確実な時代の不動産投資については、このようなヒト・モノ・カネが集まるエリア、及び今後伸びるだろうエリアを見極め、物件取得を判断する姿勢がより大切になるのです。

エリア選定の他には、**「ターゲットを絞る」**作戦もアリです。全体の人口は減少するとしても、高齢者数はしばらく増加していきますから、その層に望まれる賃貸物件を提供していくことなどでも戦えるでしょう。

このまま人口が減少していけば、物件の空室率は跳ね上がっていくだろうという試算も散見されますが、これらは、新規着工件数と取り壊し件数がこれまでと同様の水準である場合を前提としていることが多いです。

売れる（入居する）から造るのであって、その見込みがないままデベロッパーは建築しません。よって、住宅の供給戸数が今のまま推移することはないでしょう。加えて、空き家対策の特別措置法もようやく動き出したため、ストックされている空室戸数が減っていく可能性があります。

併せて、少子高齢化・生産年齢人口の減少は、物理的なボトルネックとして「大工の不足」を生み出します。修繕や新築工事・空き家の取り壊しなどに力を発揮する、若くて働ける職人が少なくなることで、使える（まともな）賃貸物件が減少する可能性もあるのです。

人口減少があっても、「使える賃貸物件の供給量」も減少し、賃貸需要とのバランスが取れれば、賃貸経営は成立します。

私は、少なくとも、今後10～15年程度のスパンにおける不動産投資について、「少子高齢化・人口減少はあるものの、人口・世帯数の増加するエリアを選び、あるいはターゲットを明確にした物件を提供することによって、勝てる見込みは十分ある」と考えています。

とはいうものの、やはり人口が国力に影響するのは間違いありません。不動産投資という観点からだけでなく、50年後、100年後、200年後も日本が元気な国であり続けるために、少子高齢化対策にはいっそう力を入れていただきたいものです。

A：少子高齢化を背景とする人口減少問題は不動産投資にも影響しますが、ヒト・モノ・カネが集まるエリアを選定することや、ターゲットを絞る不動産投資を行うなどの工夫で、十分に勝ちは見込めると思います。

## Q84：どういう人がチャンスを掴み、どういう人が機会損失している？

投資用不動産は決して安いものではありません。しかし、勇気を持って取得しなければ何も始まりません。

そこでここでは、投資用不動産の売買・仲介の営業担当者として実際に私が見てきた「チャンスを掴む方」「チャンスを逃す方（機会損失する方）」の特徴を中心に話を進めていきたいと思います。

まず、全ての方に共通して言えるのは、「不動産投資に興味を持ち始めた」ような本当に初期の段階であれば、本を読んだりセミナーに参加するなどして多少勉強し、大まかにで構わないので、「不動産投資とはどういうものか」ということや「自分が不動産投資を始める目的」「どのような物件を希望しているのか」程度は確実に頭に置いておくべきです。

なぜなら、この段階を経ておかないと、仮に、**目の前に「優良案件」が転がってきてもそれに気づくことさえできません**。購入に値する物件が出現した際、即座に「可否」を判断し、「どういう条件なら、いくらなら買いたい」という回答ができるようになっておくのが理想です。

加えて、私が大事だと思うのは**「人の話を聞く柔軟性」**です。

本やセミナーで得た不動産投資の入り口の知識が最新のものとは限りませんし、勧められた物件について、最初は魅かれなくても、融資の組み立て方や投資戦略次第で取得するべき1件になるかもしれません。

基本的には、日頃から不動産投資に携わっている営業担当者のほうが情報通であるため、彼らの話や考え方にはとりあえず耳を傾けるべきです。

相反するようですが、明確な目的や明確な購入希望物件という「芯」と、他人の意見も参考にしようという「柔軟性」をバランスよく持つ人は、チャンスをゲットする可能性が高いです。

とはいえ、本やセミナーで勉強をするだけで、実際にスタートを切れないのでは意味がありません。優良物件を購入する方は、**「迅速な行動力」**を持っています。

最近、不動産投資市場は需要のほうが強くなっており、「セミナーの後の個別相談で良い物件を紹介されたから来週見学に行こう」程度では負けてしまうほど、スピード勝負になっています。

極端な例ですが、以下は、私があるお客様に物件を紹介したときのやり取りです。

私「〇〇区にこのようなお勧めの物件が出たのですが……」

お客様「ぜひ行きたいんですが、出張中で、今日飛行機でそちらに戻るので、物件現地に行けるのは遅い時間になるんですが構いませんか?」

私「大丈夫ですよ。何時頃になりますか?」

お客様「午前3時頃です!」

私「……行きます」

このような現地のご案内が実際にありました（もちろん、本当は昼間に見たほうがいいです）。

このように、すぐさま行動ができるような方は不動産投資に向いていると思います。

なお、これは荒業なので強くは推しませんが、スピードだけに特化するならば、物件の現地確認をしないで購入してしまうというのも1つの手段。意思決定までが1時間なのか1週間なのかで、「買える・買えない」が大きく変わるのが不動産投資です。

個別相談でお話を伺う中には、「現在55歳。定年後に備えて不動産投資をやりたくて、数年前からセミナーなどに参加しています。関連書籍もたくさん読んで勉強していますが、まだ購入したことはありません」という人もいたりします。

金融機関の動向、税制や関連法案の改正、賃貸需要や売買マーケットの動向……など、不動産投資関連の情報は刻々と変化しますので、勉強を続ける姿勢はもちろん大切です。ただし、「全てを把握してから……」というのは現実的に不可能と言っても過言ではなく、スピードにも欠けてしまい、結果として大きな機会損失となるのです。

金額の小さくない投資商品ですから、どれだけ足場を固めても、初めは不安が残るもの。どこかの段階で「エイヤ!」と思い切り、自分を納得させるしかありません。

私のまわりにいらっしゃる、2012~2013年頃にマーケット相場の適切な金額で購入された方々は、2015年7月現在、キャピタルゲインを得ているケースが少なくありません。

当然これは、当時からのマーケット相場の上昇によるところが大きいことは確かですが、当時、「購入できたのに購入しなかった方」もいるわけで、彼らは機会損失をしていると言えるでしょう。

「下がった可能性もあったじゃないか」という意見もあるでしょうが、マーケット相場は上下するものですし、そのときの相場の適切なラインで購入することができていれば、一旦下落したとしても、また上昇してきた時に出口（売却）を考えればよいのです。それに、下がる可能性ばかり考えていたら、そもそも不動産投資などできません。

また、単純な話、**スパッと決断して購入できた人には、「決済日から毎月賃料が入ってくる」という現実があります**。

この他、チャンスをゲットする機会を多く得るには、**自己資金の多さは強み**です。「ゼロ円からのスタート」を売りにしている不動産業者もありますが、不動産投資を実践しているプロに聞けば、ほとんどの人は「自己資金があった方がいい」というでしょう。

投資用不動産の購入に際しては、自己資金と借入金のハイブリッドが原則です。投入する自己資金が多いほど、毎月の返済も少なくなります。

フルローンでは「毎月の収支が悪く、購入する面白味がない」という物件でも、自己資金を入れる度合いによっては、返済とのバランスが取れて投資として成立する物件もあります。そういった点からも頑張って自己資金を貯められる方のほうが、物件の選択肢が広がり、購入できるチャンスも増えます。

**A：私が見る限り、「不動産投資をする目的と購入希望物件が明確な方」「迅速な行動力を持つ方」「自己資金の多い方」はチャンス（優良物件）を掴んでいることが多いです。**

## Q85：その他、不動産投資について注意すべき点はある?

**「極端な短期転売の繰り返し」には注意が必要**です。

本書は、投資用不動産を保有する際は、将来的な売却見通し（出口戦略）の重要性についてたびたび言及していますが、決して「短期の転売」を推奨しているものではありません。

短期間で反復継続しての「繰り返しの売買」は、宅建業法上「業《なりわい》」と見なされるため、不動産業者の免許（宅地建物取引士免許ではなくて業者免許）が必要となります。

**免許なしで露骨な短期転売を「繰り返し」行った場合、無免許業者として罰せられます**。3年以下の懲役、もしくは300万円以下（法人は1億円以下）の罰金、またはこれらを併科されます。

ただし、これについては明確な規定がなされていないので、判断が難しい部分でもあります。「転売を目的に毎月のように売買を行う」「宅地を区分けした分譲を不特定多数に行う」など、「誰がどう見ても業」レベルであれば、無免許行為なのは間違いなく、摘発される可能性は高いです。

しかし、例えば売買が「2年に1回」であったり、「購入当時はすぐの売却を予定していなかったもの、売却せざるを得ないケースが続いた」などについてはどう判断されるか分からず、誰も明確な答えを出してくれません（実際、私も都庁や県庁に確認したことがありますが、「なんとも言えない」という回答でした）。

宅建業法「『業』に当たるか」の解釈については、国土交通省より「宅地建物取引業法の解釈・運用の考え方」という文書が出ています。

この文書中には、「取引の目的」の項目に「利益を目的とするものは事業性が高く、特定の資金需要の充足を目的とするものは事業性が低い」という記載があります（売却益か賃料収入かは明記されていません）。

さらに、「転売するために取得した物件の取引は事業性が高く、相続又は自ら使用するために取得した物件の取引は事業性が低い」とも記載されています。

文書をすごく厳しく解釈すれば、投資用不動産の購入という時点で、「利益を目的として不動産を取得」していますし、賃借人のいるオーナーチェンジ物件を取得する時点で、「自ら使用するためでない」ことは明白なので、極論、これだけで「無免許だ、違反だ」と言えてしまいます。

ただ、もしそんな判例が出てしまえば、そもそも免許のない個人の不動産投資自体不可能になってしまいますし、既存のサラリーマン大家さんが全員摘発されてしまうような事態は考えられないため、通常レベルの「取得・運用・売却」であれば、問題はないと言えるでしょう。

なお、短期転売が「業として見なされるか」については、「確実にクロ」である場合を除いては、前述の通り役所も絶対的な判断をしてくれないので、大丈夫かどうか不安な際には、大手を含めた不動産の売買仲介業者にも相談してみましょう。

ちなみに、「業に当たる」と判断されるようなものであれば、その案件について不動産仲介業者が媒介契約を締結し売買を行うと、「無免許営業の幇助《ほうじょ》」として、その仲介業者が宅建業法違反・処分の対象となるため、彼らもきわどい案件は安易には受け付けません。

ともあれ、法律と対立してもいいことはありません。違法にならぬよう、気を配りつつ不動産投資に臨みましょう。

A：露骨な短期転売を「繰り返し」行った場合、無免許業者として罰せられるので注意。不安な案件については、役所や不動産売買仲介業者に問い合わせてみてください。

## Q86：関田さんは具体的にどのような不動産投資をしているの？

最後に、私自身の不動産投資の状況、つまり「大家さん」としてどのような賃貸経営をしているかについて記したいと思います（実際、お客様から「関田さんはどんな感じでやってるの？」という質問をよく受けます）。

私の不動産投資の流れは、スタートから現在まで、以下のような感じです。

**2013年9月　東京都下（八王子市）に一棟アパートを購入。約1400万円。地銀で融資組み立て。自己資金500万円。**

**2014年8月　埼玉県（東武東上線沿線）に一棟アパートを購入。約1300万円。地銀で融資組み立て。自宅を共同担保に諸費用のみ自己資金**

**2014年10月　八王子のアパートを約2400万円で売却。**

**2015年1月〜　新たな一棟モノの取得に向け、月1〜2本ペースで買付（購入申込）中。**

昨年（2014年）に、保有していた物件を売却したため、2015年7月現在、私が保有しているのは埼玉県の木造アパート1棟です。

そして、次の物件の購入に向けて、物件情報の取得と買付を入れる作業を本業と併せて行っています。

私は「本業」ですから、いい物件が手に入るのだろう……と思われる方もいるかもしれませんが、現在、現在保有中の木造アパートについては、「極めて普通に」販売されていた物件です。

ちなみに、これが「Q58・中古物件の場合はリノベーションも必要？」（213P参照）で挙げた物件です。

私は、この物件を最初はレインズで見つけました。「ここ数日、レインズ見ていなかったなぁ……」と、新着物件を抽出してみると、見慣れた所在地が。実家の近くに、新たな販売物件が登録されていたのです。

ただ、レインズに掲載されていた物件ですので、「あぁ、売れないから載せたのかな（どうせ高いんだろうな）……」そんな風にも思いながら、期待せずに詳細ボタンを押してみました。

珍しく住居表示の詳細も記載されていたので、「グーグルマップ」で調べてみると、なんと**「実家の斜め向かい」という立地**。

「家に近い物件」が良い物件かどうかは関係ない（「Q40・物件は『よく知っているエリア』で買うべき？」160P参照）ということは頭で理解しつつも、地図を見て1人で盛り上がります。

他のウェブサイトでも探ってみると、「楽待」でも発見。なんだ、出回っている物件かと少しテンションが下がります。

「1680万円・利回り約11％、築30年、1R（ワンルーム）・6世帯木造アパート」との表記。

立地・築年数を考慮すると、飛びつくほどのものではないですが、やはり実家のそば（約20メートル

に当番が回ってきただけですが）父親に、とりあえず聞いてみました。

私「ウチの斜め向かいに『〇〇ってアパートあるでしょ。あれ、売り物みたいなんだけど、何か知ってる？」

父「あぁ、『ゴミ屋敷』があるアパートか。売ってるんだ？　買うの？」

1本の電話で、物件のデメリット面が即座に判明。ただ、父の話によると臭気などはなく、共用廊下にゴミが散乱しているというレベル。その程度なら解決できるものとして飲み込めそうです。

その後、夕方になって、ようやく物件の媒介業者とやり取りができました。

私「実家のそばということもあり、個人的に大変興味がある物件なのですが、金額の相談ってできますか？（無理ならやめよう。家からの近さと投資物件としての良さは別物！）」

担当者「できますよ」

私「えっ、本当ですか？（意外とあっさり……！）」

担当者「ええ。あくまで『これで売れたらいいなぁ』という、売主様の価格をつけてみただけなので……。関田さんの希望はどれくらいの金額ですか？」

私「１２００万円くらいになると嬉しいのですが（元々１６８０万円だし、さすがに無理かな？・）」

担当者「売主様の手取りが１２００万円を超えるようにしてあげたいので、もう少しだけなんとかなりませんか？　１３００万円とか」

私「あ、１３００万円なら買付入れます！」

こうして、この物件は結果として**13％超の利回りで取得することができました（購入後の修繕・バリューアップの結果、利回りは約16％超になっています）**。

実家のそばに建つアパートで、すぐに父親から現状を聞けたというアドバンテージはあったものの、「業者繋がりで得られた情報から出合った物件」や「水面下に埋もれた超良好案件」など、私が業界内にいるからこそ購入できたような物件では決してありません。レインズのみならず、素人でも誰でも閲覧することのできるウェブサイト（楽待）にも掲載されていた物件なのです。

これが、電話１つで驚異的な投資案件になりました。「Q84・どういう人がチャンスを掴み、どういう人が機会損失している？・」（３０３P参照）で書いた通り、**「迅速な行動」が成功を呼び込んだ**のだと思います。

なお、レインズや楽待、健美家に掲載された物件を毛嫌いされる方もいらっしゃいますが、自宅からの距離と投資物件の良し悪しが比例しないが如く、「どの情報媒体に掲載されていたか」も、物件の良し悪しとは必ずしも比例しないことを実感した次第です。

そして、すでに述べた通り、２０１３年に購入した一棟アパートが昨年売却できたこともあり、その売却益（結構儲かりました。詳しい額は項の後半に書いています）を活用して次の不動産を購入すべく、毎月1~2本ペースで買付を入れています。

最近のところで、申込を入れた物件は次のようなもの。進行中のものもあれば、他の人に持っていかれてしまった物件もあります。

・埼玉県（西部）の物件――1988年築の全6戸木造アパート。満室想定利回りは12%。ほぼ土地の実勢価格。約1500万円。ただし全部空室で大幅な修繕が必要（特に室内）。

・東京都（都下）の物件――1984年築の全4戸木造アパート。満室想定利回りは9%。空室1。利回りは普通だが路線価と同じくらいの価格。2580万円から価格交渉。実勢価格だとプラス1000万円程度の資産価値。

・東京都（城東エリア）の物件――1994年築のS（鉄骨）構造一棟マンション。満室想定利回りは10%、全7戸で1戸空室。駅からは20分超だがファミリータイプであり、周辺の賃貸物件も稼動していることから検討。約8000万円。

この他にも、複数同時並行で動いています。私がこのように積極的に動けるのは、すでに不動産投資について、売却（出口）まで通して経験し、金融機関担当者との意思疎通もできているからです。

**不動産投資の基本である「買って」「持って」「売って」を一度実際に経験すると、投資家として大**

**きく成長できる**と思います。

「次の物件には、どのくらいの資金を入れて、どのくらいの融資を引くことができる、だからこういった物件であれば、投資として成立する」という目線が確立できるのです。

後は、それに見合った物件を見つけてくるか、見合うものにするために価格交渉するだけです。

築年数・構造・利回り・積算評価・立地……物件を判断する項目は様々ですが、全てに共通している、私が「良い」と思う物一の条件は、**「将来的な売却が目指せるか」**。プロ的な表現で言えば「出口が取れるか」という点。本書でしつこいくらいに述べてきたポイントです。

ちなみに、現在保有している埼玉県の物件で言えば、今現在の相場感だと、「利回り10％付近」であれば、売買マーケットでは誰かしらに響く（買い手が現れる）と思います。

また、この物件は「3方向角地」で、「土地」として見ると希少性が高く価値のある不動産ですので、建物を解体し、更地売却という出口もアリかなと考えています。

ただし、私に特有な事情として、「自宅の斜め向かい（徒歩20ｍ）」であり、かつ3方向角地という「なんだかいろいろ使えそう」な予感がする物件ということもあり、早めに売却した八王子の物件とは異なり、当面、売却は考えていません。

「いろいろ」とは、「建物が使える限り使い倒してから将来的に更地にして駐車場として自分で活用するパターン」や「両親が住むための家を建てるパターン」など。株式などとは違い、不動産は実物資産だからこそ、実需にも転用できる点は面白いですね。

逆に、「出口戦略ありき」で購入した八王子のアパートは、大きな売却益を生み出してくれました。

保有期間の1年分と、売却からの「CCR」（自己資本配当率。キャッシュフロー÷自己資金額で導かれます）は230％程度。つまり**約500万円の投下資金に対して、約1100万円の利益**です。

なお、当初は税金の高い短期譲渡（5年未満）での売却は予定していなかったのですが、高値での売却が叶ったため、売却に踏み切りました。利益を確定させるには、こうした臨機応変な動きも大事だと思います。

このように、幸いにも、今のところ私の不動産投資は順調です。

とはいえ、それは私自身が投資用不動産の売買・仲介の営業担当者であることだけが理由だとは考えていません。本書の「はじめに」で書いた通り、**「安く買って、上手く回して、適正に売る」こと、そして「信頼できる業者（不動産投資営業担当者）と出会う」ことを、私自身常に心がけているからこそ**だと思います。

そして、全ての入り口は「アクションを起こすこと」。本書をきっかけに、多くの読者の方々が不動産投資への第一歩を踏み出すことができたならば、それに勝る喜びはありません。

**A：これまでに2棟の木造アパートを購入・保有し、1棟は売却。大きなキャピタルゲインを得ることができました。現在保有中の物件も高利回りで運営できており、新たな物件の買付も積極的に行っています。不動産投資が順調な理由は、「安く買って、上手く回して、適正に売る」ことと「信頼できる業者（不動産投資営業担当者）と出会う」ことを常に心がけているからこそだと思います。**

# おわりに

最後までお読みいただき、誠にありがとうございます。

本書は、「主に初心者向けの、本当に勝つための不動産投資」というテーマでまとめた一冊です。

そもそも不動産投資とはどのようなものか、初心者の方でもできる限り分かるように書いたつもりですし、本書で触れてきた押さえるべき項目を押さえ、しっかりと実践すれば、不動産投資は「勝てる投資」だと思います。

しかしその一方、本書を読んで、「やっぱり恐いし面倒だから買わない」と思われた方もいるかもしれません。

私は、それはそれで構わないと思います。不動産に限らず、投資は無理強いするものでもされるものでもありません。

ただ、「自分が高齢者になる頃には年金で生活できないだろう」「定年まで今の会社や業界が持つのか怪しい」と、悲観するだけでなく対策を講じたいのであれば、そのための行動が必要です。

私が不動産投資をやっているのは「将来の不安」からです。次第に延びていく年金の給付開始時期だけを考えても、自分自身の老後はとても安泰といえる状態ではありません。

また、私は1人っ子で、実家が資産家というわけでもありません。したがって、親の介護などが発生した際には、経済的に苦しくなることが目に見えています。

だからこそ、本業の仕事に全力を注ぐのはもちろんのこと、この不安を払拭するために別の収入源も確保して安心を得たい。いざというときのために使える資金がほしい――これが、私が不動産投資を始めた理由です。

なお、「不動産投資のポータルサイトに掲載されているセミナー情報もやっぱりどこか胡散臭いから筆者に直接相談したい」「自分にはどこの投資用不動産業者が向いているのかアドバイスがほしい」「客寄せにセミナーをやってほしい」などの用件で、私に直接ご相談されたい場合には、ブログやツイッターで情報発信をしておりますので、これらを通じてご連絡ください。

・アメブロ：「ぼくと不動産」（http://ameblo.jp/takashisekita/）
・ツイッター：@takashi_sekita（http://twitter.com/takashi_sekita）
・フェイスブック：関田タカシ（https://www.facebook.com/takashisekita）

さて、最後になりましたが、本書の執筆にあたり法人・税務項目でアドバイスをいただいた吉田真二様、指標・シミュレーションのチェックをしていただいた長渕淳様、本を編む作業に尽力いただいた彩図社の本井敏弘様・北園大策様には感謝をしてもしきれません。

また、私を支えてくれている妻のさつきに、ここで感謝の気持ちを綴りたいと思います。

日頃の家事云々はもちろんですが、不動産投資においても妻の協力は欠かせないものです。

現在保有しているアパート購入の際にも、しっかりとリスクの有無を理解し、快く保証人となってくれた聡明な妻、心から愛してやみません。

そして読者の皆様におかれましては、不動産投資を、豊かな人生を送る為の1つのツールとして最大限活用していただけましたら幸いです。


本書をご購入頂きました感謝の気持ち、特典と致しまして、メルマガ登録頂いた方に【関田タカシが30分で作った超簡易シミュレーター】（Excel版）をプレゼント致します。

リーファの足下にも及ばない簡素なものではありますが、一番気になる「で、この物件、いくらですか儲かりそうなの？」を簡単に把握できるシミュレーターです。

登録・ダウンロードはこちら「関田タカシ.com」（http://sekitatakashi.com/）より。

尚、本特典はいつまで続けられるか分かりません。「あ、欲しいかも！」と、思い立ったらまず行動を。

２０１５年7月　関田タカシ

著者略歴

**関田タカシ（せきた・たかし）**

今でもこの業界にいると名前のあがるベストセラー『金持ち父さん　貧乏父さん』（ロバート・キヨサキ／筑摩書房）、学生時代にこれに出会い、不動産投資に携わるきっかけとなる。当時、大学生の特権である、「時間」を有効活用し、キャッシュフローゲーム（ロバート・キヨサキ考案のゲーム）への参加、在学中の法人設立などに挑戦。

大学卒業後、大手の不動産仲介業者にて不動産売買仲介の経験を積む。売買仲介営業の実務については、『現役営業マンが明かす 不動産屋のぶっちゃけ話』として2012年に彩図社より出版。その後、転職を経て「投資用不動産」に集中できる、収益不動産専門の売買仲介業に従事。ヘッドハンティングされ、現在では、国内外年間約200億円の収益不動産を扱う投資用不動産専門業者の売買営業担当に至る。

貯めていた自己資金と不動産投資の知識を活用し、３年前から自身でも本格的に不動産投資に参入。不動産業界に入って約10年、33歳。今までにアパート２棟を取得。昨年１棟を売却し、賃料収入と売却益の両方を得ることに成功。不動産投資の段階で言えば、まだまだヒヨッコの今だからこそ「買う前のただの評論家」と、「買った後の悩み」や、「売却前後の売主の心理状況」というものが、不動産オーナー側という主観と不動産業者側という客観の両面から話すことが出来るとして、本書を執筆。

**【主要参考書籍・サイト】**


『200万円から６年で20億円！　売却から逆算思考する不動産投資』（岡田のぶゆき／ぱる出版）

『不動産投資の正体』（猪俣淳／住宅新報社）

『不動産投資１年目の教科書：これから始める人が必ず知りたい80の疑問と答え』（玉川陽介／東洋経済新報社）

「不動産投資分析ソフト　REIFA」の不動産投資用語：http://www.reifa.jp/indicators


**現役不動産仲介営業マンがこっそり教える**
**最強の初心者向け不動産投資**


平成27年10月21日第一刷

著　者　　関田タカシ

発行人　　山田有司

発行所　　株式会社　彩図社
東京都豊島区南大塚3-24-4
MTビル　〒170-0005
TEL：03-5985-8213　FAX：03-5985-8224

印刷所　　シナノ印刷株式会社

URL：http://www.saiz.co.jp
Twitter：https://twitter.com/saiz_sha



© 2015. Takashi Sekita Printed in Japan.


ISBN978-4-8013-0103-0 C0033


落丁・乱丁本は小社宛にお送りください。送料小社負担にて、お取り替えいたします。
定価はカバーに表示してあります。本書の無断複写は著作権上での例外を除き、禁じられています。